# カントと二つの視点

## ——「三批判書」を中心に

菊地健三

専修大学出版局

「美」は「感性の主観的根拠に関係」し、「崇高」は「感性に反抗するが、実践理性の諸目的に適う主観的根拠に関係する。それでも両者は同一の主観のうちに合一されて、道徳的感情に関連して合目的的である」（V 267, 強調筆者）

# 序

カント（独、Kant, Immanuel 1724–1804）の哲学が体系として研究される場合、当然のことではあるが、従来それは「哲学者＝カント」の視点に基づく「批判書」を中心になされてきた。いわゆる「三批判書」はカント哲学体系の中核をなし、今なお多岐にわたって研究されている。しかしカントにはもう一つ見逃すことのできない大きな視点が存在する。それは「観察者＝カント」の視点である。前者は原理・原則に基づく「厳密な体系」を目指しているに対し、後者は現実の観察に基づいた、厳密とはいいがたい「所感」の記述であり、初期の『美と崇高の感情に関する観察』（一九六四年、以下『美と崇高』と略記）や、晩年の『実用的見地における人間学』（一七九八年、以下『人間学』と略記）がそれに該当する。『美と崇高』の中で、「人間本性の特殊性を観察する領野は非常に広範囲に広がって」いるゆえに、ここでは「哲学者の眼よりも観察者の眼を向ける」（II 207）とカントは明言している。例えばフェミニズムの立場からのカント批判は、一般にこのような「観察者の視点」を問題にすることとなる。

「観察者」の視点はこれまで「哲学者」の視点とは切り離されて考察され、「体系」そのものとは関係なく位置づけられてきたように思える。[1]そしてきわめて多くの領域とかかわり、そのために様々な学問分野で研究されているカントの思想体系は、前世紀において細分化し精密化する一方であった。しかしカント研究が細分化し精密化すればするほど、逆にその全体像が見えにくくなっているとはいえないだろうか？[2]またそうした諸研究はカント自身の意図と離れてしまっているのではないだろうか？　そうだとすれば、「哲学者」と「観察者」という二つの視点からカントの「全体像」を把握し直すことは無意味ではないだろう。

ここではカント思想の基本的な方法を再確認しながら、できうる限り簡潔に「カントの全体像」を捉えるつもりである。そのための基礎作業として、まずはカント独自の「調停」という「方法」を考察することにする。つまり「哲学的体系」という観点においては、質的に異なる二つの領域を総合する「媒介機能」を介した「調停方法」がきわめて重要であるが、この「方法」が「観察者の視点」をも貫いているのかどうかを明らかにするつもりである。そしてこの場合、特に「美」と「崇高」という概念が問題になるように思う。なぜなら、この二つの概念は初期段階では『美と崇高』において「観察者の視点」に基づいて扱われていたのに対し、後に再び扱われるときには『判断力批判』において「哲学者の視点」で問題にされているからである。要するに「美」と「崇高」という概念は「観察者」と「哲学者」の視点を交差しており、カントの体系を考察する上できわめて重要なキー・ワードとなっているように思えるからである。また初期には「美」は「女性の性的性格」と、「崇高」は「男性の性的性格」とオーヴァーラップしていたわけだが、『判断力批判』においてこの「性差」はまったく問題になっておらず、なぜそうなったのかという疑問が生じるからでもある。さらにこの問題をも含め、「哲学者」と「観察者」という質的に異なる視点が「調停方法」によって媒介されうるものなのかどうかという問題も生じてくるが、この点をも最終的に明らかにするつもりである。

目次

装幀　向井一貞
DTP　木下正之

# 第一章 「哲学者」と「観察者」

## 一節 真の学問としての「形而上学」の条件――「哲学者」の視点



カントにとって真の学問である「形而上学」は、「自然の形而上学」と「人倫の形而上学」の二領域であり（KrvB 860ff.）、それが「哲学者＝カント」にとっての考察対象となる。この二領域が真の学問であるのは、それらがいずれも「客観的な法則性」によって規定されているとみなされているからである。「自然の形而上学」は「自然法則」に、「人倫の形而上学」は「道徳法則」に基づいて成立することになる。前者についてはニュートン（英、Newton, Isaac 1643–1727）の影響下に自然の中に存在する揺るぎない「秩序（法則）」が、また後者についてはルソー（スイス、Rousseau, Jean-Jacques 1712–78）の影響下に人間の自然本性の中に存在する揺るぎない「秩序（法則）」がそれぞれ確認され、カントは『覚え書き』の中で次のように簡潔に述べている。「ニュートンは、彼以前には無秩序とひどい組み合わせの多様性が見られたところに、初めて、大きな単純さと結びついた秩序と規則正しさを見た。……ルソーは初めて、人間のとる形態の多様性のもとに深く秘蔵された人間の自然本性と隠れた法則を発見した」（XX 58）、と。そしてこの二領域が客観的な法則性を示しうるのは、それらがいずれも「関心 Interesse」にかかわっているからである。

カントにおいて、「理性の関心」はすべて「思弁的（理論的）」か「実践的（道徳的）」かであり、「三つの問い」にまとめられている。つまり、「① 私は何を知りうるか？ ② 私は何を為すべきか？ ③ わたしはなにを望んでよいか？」の三つである（KrVB 833）。「関心」すなわち〈Inter-esse〉とはもともとラテン語であるが、〈innter〉は英語と同様「……の間」を意味する前置詞であり、〈esse〉は英語の〈be〉に相当する「存在するもの・こと」を意味する不定詞である。つまり「関心 Inter-esse」とは「現実に存在している事柄にかかわっている状態」というほどの意味であるが、カントにおいては「理性の関心」である以上、「現存する事柄」に基づいて論理的に正しく推論されうる「現存を確認しえない何か（理念）」もここに含意されているとみなすべきであろう。カントの定義では「関心」とは「ある対象の現存の表象と結びつく満足」（V 204）である。要するに、基本的には「客観的に現存する事柄」であるゆえに、そこに「客観的法則性」が認められるのであり、さらにそれに基づいて正しく推論される理念にもまた、それなりの客観的な妥当性が認められるということである。

「自然の形而上学」では自然の世界（現象界）を客観的に構成する「認識構造」という、また「人倫の形而上学」では道徳的行為を必然的に導き出す「行為の格率」という、いずれも客観的に存在する（とカントがみなした）対象が扱われているゆえに、そこに「法則性」が確認され、さらにこれらの「法則性」に基づく推論によって導き出される「諸理念」にもまた妥当性が確認されているのである。そしてこの二領域はそれが「真」であることの確証を得るためにさらに「批判」を必要とする。「批判」とは、人間のうちにアプリオリに備わっている「諸々の認識能力」がどのように機能するかを見極める手続きのことである。[3] つまり、当時大きな影響力を持っていたヴォルフ（独、Wolff, Christian 1679–1754）におおむね従って、広義の人間理性（認識・表象能力）が「感性－悟性－理性（狭義）」および「想像力－判断力」に区分されることを前提とし（「想像力」の多義性については後述）、カントはこれらの諸能力が各々どのような可能性と限界とを備えているのかを厳密に規定しようと試みているのである。[4] この厳密な規定のための操作が「批判 Kritik」と呼ばれているのである。従ってこの試みは「理性による理性批判」すなわち「理性の自己批判」にほかならないが、この「批判」は「実験的方法」によって遂行されることになる。

「実験的方法」とは、「実験科学」の方法を「形而上学」に応用しようとする試みのことである。つまり、物理学者が「理性」に基づいて「仮説」を立て、この「仮説」の真偽を「実験」によって確認するように、カントは各々の認識能力を「実験」にかけようとしているのである。ある認識能力はどのような権限をもって機能し、またどのような限界を超えると越権的な機能とみなされるのかを確認しようとしているのである。ただし「物理学」の場合と違って、「形而上学」においては理性が主観的に自己自身とかかわり、また最終的に現実に存在する領域を遥かに超える「諸理念」にかかわらざるをえないわけであり、それだけ「確実性」や「厳密性」に欠けることになる。つまり、物理学が現存を確証しうる外的対象と直接かかわるのに対して、形而上学は現存を確認しえないような内的表象ともかかわらざるをえないゆえに、ここに物理学とは異なる「実験的方法」の大きな難点が存在することになるのである。ただし、カントは「形而上学」の問題を従来のように「神の視座」に基づいてではなく、明らかに「人間的視座」に移行させているゆえに、問題点をこれまで以上に、より確実に把握しようとしているといえるだろう。

それにしてもなぜカントは実験的方法に基づく「批判」を必要としたのであろうか？　それは一言でいえば「従来の形而上学の改革」のためである。「従来の形而上学」とはヴォルフの「合理的独断論」に代表されるような、「同一律」ないし「矛盾律」を哲学の最高原理とする思考法である。ヴォルフの場合「同一律」とは実在にはかかわらない「論理的・分析的真理」の基礎をなす原理のことである。つまり、ある事柄の真偽を決定するのに「それが現に存在している」かどうかにではなく、「理性によって諸概念が論理的に推論されている」かどうかに依拠しているのが、「同一律」を最高原理とみなす「合理的独断論」の立場なのである。カントはこのような立場を批判し、「実在」の問題こそが真偽を決定するための決定的な基盤であるとみなしたわけだが、何かが現存するかどうかを確定しうるのは「理性による推論」ではなく、「感性的‐直観」に基づいているとみなしているのである。例えば「神は現存する」かどうかを規定するためには「神」を見たり、その声を聞いたり、それに直接触れたりする必要がある、つまり五感（感性）によってある時間ある場所で（「時間－空間」という直観形式を通じて）「神」を直接確認する必要があるということである。これによって「神の現存」が客観的に認識されることになる。もちろんこのようにして「神」を認識できるような人はほとんどいないだろう。従って「神の存在」は、ある個人によって認識される可能性はあるが、しかし客観的にすべての人間に（普遍的に）認識されることは不可能なのである。つまりカントにとって「客観性」とは「すべての人間が普遍的に認めうる事柄」を意味しているのである。「2＋2＝4」であるとか、「パソコンは一定の広がり（延長＝空間）を占めている」というような事柄は人間なら誰でも共通に認めうる事柄であり、客観的であると認められうる。しかし、後に問題にするように、次のような反論も当然生じてくるだろう。「道徳的行為の格率」は「主観的原理」ではないのか、と。確かにその通りではある。しかしすべての人間がこの「格率」を内在している限りにおいて、それは「主観的」ではあるが「客観的」であるとみなされているのである。

『人倫の形而上学の基礎づけ』（一七八三年）の中で、カントは次のように明確に述べている。「この原理は人間の主体的原理である。ところが人間以外のどの理性的存在者もまた、私にも妥当するのとまったく同じ理性根拠に従って、現に自分がそのように存在していると表象する。それゆえ、この原理は同時に客観的原理なのであって、それを最上の実践的根拠として、それから意志の法則がすべて導出されうるに違いない」（IV 429）、と。要するに「認識構造」や「行為の格率」は基本的にすべての人間に共通であるということが「客観性」の前提なのである。このような前提の上で、「認識論」にかんしてカントは「超越論的 transzendental 方法」という基本的な 方法論を導入することになる。つまり、「超越論的」という概念に対峙されているのは「超越的 transzendent」である。「超越的」とは「素朴実在論」の立場であり、例えば野球の「ボール」は人間が客観的に見たり触れたりするそのままの姿で、それ自体として外界に存在していると認める立場である。この立場においては、魚にとってもトンボにとっても、「ボール」は人間がとらえているがままにそこに現に存在していることになる。しかし魚は「魚眼レンズ」で外界をとらえ、トンボは「複眼レンズ」で外界をとらえているのだから、両者は少なくとも視覚的には「ボール」を人間とは違った仕方でとらえているはずだし、人間もまた両者とは異なる仕方でそれを把握しているに違いないのである。そしてもしそうだとすれば人間の認識構造で捉えた、つまり「主観的に」人間の意識内に現れている限りでの「ボール」（現象 *Erscheinung, Phänomen* としての「ボール」）こそが人間にとって「客観的に」認識可能な「ボール」にほかならない、というのがカントの「超越論的」立場なのである。要するに、人類の認識構造とその他の類の認識構造とは異なっているのであるから、あるものがその物自体（Ding an sich）としてどのようなかたちで外界に存在しているかを規定することは基本的に不可能であるが、しかし少なくとも同じ認識構造を持つ人類にとっての普遍的な客観的認識は主観的に「意識内に現れている限りでの現象」として可能であるとみなされているのである。ただしこのような「超越論的方法」は「認識論」に限定される。なぜなら「道徳性の最高の諸原則と諸根本概念とはアプリオリな認識」ではあるが、しかしそれらはいずれも経験的根源から生じる「快不快、欲求、傾向性等々の諸概念」を「必然的に、純粋な人倫性の体系の構築のうちにともに取り入れなければならない」（KrVB 28f.）からである。

ところで、カントがこのような超越論的方法を構想するようになったのは「イギリス経験論」の ヒューム（スコットランド、Hume, David 1711-76）を知ることによって「独断のまどろみから目覚めさせられた」ことによる。つまりイギリスにおいては、「合理的独断論」と違って直接対象とかかわることを確認しうる「感覚 sensation」が認識の一番の基礎に置かれ、それに基づいて精神的な思惟作用である「反省 reflexion」が構成されるとみなされていた。従って、少なくとも「認識」に関しては「理性」ではなく「感性」が基本的な能力であり、直接対象を把握することが基盤とならなければならず、そもそも感性も理性も協働していなければ認識は成立しないとみなされていたのである。カントにおける「独断論批判」や「客観的認識」についての考え方は、つまり「従来の形而上学の改革」という構想はここに起因しているのである。

しかしヒュームには大きな問題点があった。それは彼が「経験論」を徹底するあまり、自然科学的な法則性を主観的な「習慣」とみなし、その客観性を否定してしまうという点である。自然科学的法則に対するこのような懐疑的態度に対処するためのカントの立場が「アプリオリな認識能力の主観的構造」なのである（この問題については次章で詳述する）。いずれにせよカントは、「実在にかかわる感性」を重視する「経験論」に基づいて「合理論」の欠陥を補う一方で、客観的法則性の可能性を懐疑する「経験論」の欠陥を「合理論」に基づいて補おうとしているのである。そしてここにカント独自の「調停方法」をみることができるのである。

つまり、「合理論」においては「アプリオリな分析判断」に基づく、デカルトの「数学的な演繹的証明法」が基盤となっているのに対し、「経験論」においては「アポステリオリな総合判断」に基づく、ベーコンに起因する「実験科学的な帰納法」が基盤となっているのであるが、カントはこの二つの立場を調停するために「アプリオリな総合判断」の可能性を解明しようとしているのである。この「アプリオリな総合判断」は一見したところ明らかに矛盾しているように見える。なぜなら、「合理論」は「経験的データ」にはまったく依拠せず、「主語概念」を分析することによってすべての結論を必然的に導き出す（論理的根拠）のに対し、「経験論」は「経験的データ」に全面的に依拠し、経験的諸データに基づく「述語概念」を次々に付け加える（総合する）ことによって、新たな結論を蓋然的に導き出す（実在的根拠）からである。それにもかかわらずカントがこの判断の可能性を解明しようとしたのは、現にこのような判断が存在し、しかもそれは確実な学問の歩みを保証しているように思えたからである。それがニュートンの力学、つまり「数学的自然科学」なのである。なぜならニュートンは観測による経験的データ（総合的データ）に基づいて、その法則性を数式化（アプリオリに処理）しているからである。従ってここでは「アプリオリな総合判断」がなされているのである。そしてなぜこのような判断が可能なのかは「合理論」によっても、また「経験論」によっても解明されえず、両論の調停によってのみ解明されうるとみなし、カントは「アプリオリな総合判断」の可能性を「認識諸能力の批判」によって解明しようと試みることになったのである。従ってここでの最高原理はもちろん「同一律」でも「矛盾律」でもない。なぜならたんなる「分析判断」ではなく、アプリオリではあるが「総合判断」が問題となっているからである。そして「すべての総合判断の最高原理」は「各々の対象が可能的経験における直観の多様の総合的統一の必然的諸制約に従う」(KrVB 197) というものである（これについては後に扱う）。

以上が「哲学者＝カント」における「形而上学」の条件の概要である。では「観察者＝カント」は何を問題としているのだろうか？

## 二節　人間観察による「人間学」の構想——「観察者」の視点

先に挙げた「理性の関心」の「三つの問い」のうち、第一の問いは「思弁的関心」に基づく「自然の形而上学」に、第二の問いは「実践的関心」に基づく「人倫の形而上学」に連なる問いである。そして「宗教論」を想定しているとみなされている第三の問いは「実践的であると同時に理論的」な問い (KrVB 832f.)、つまり「第一の問い」と「第二の問い」とを総合する問いとなり、それらは「哲学者」としてのカントの考察対象となるわけである。逆にいえば「観察者」の方のカントは「理性の関心」以外の問題にかかわることになり、この場合特には「批判」を必要としないのである。それは「客観的法則性」には拘束されない諸問題とかかわる「自然および人間の観察」に基づく記述なのである。

ところで『論理学』（一八〇〇年）では「世界市民的な意味での哲学の領野」として上記の三つの問いに、さらに「(四) 人間とは何か」が加えられているが、この第四の問いは「学校概念（学問）」としての先の「三つの問い」という片方の目に対するもう一方の目、つまり広い「世間知（知恵）」としての「世界概念」(krVB 865f.) にかかわる「自然地理学」（広義の「人間学」）の問題であるとみなすことができる（「不安」五二－五七頁参照）。『さまざまな人種について』（一七七五年）では、「自然地理学」は「世界の知識における予備練習」でありそれは「実用的なものを与えるのに役立ち……生活に対しても役立ち、学業を修了した生徒はこれによって……世界に導き入れられる」(II 443) ことになると記されている。この問題の詳細は第四章で扱うことにしてここでは「実用的見地」からの狭義の「人間学」、つまり「人間的自然という特殊分野」に限定される「人間学的観点」を扱うことにする。その代表的著作が初期の『美と崇高』と晩年の『人間学』である。

『美と崇高』では自然の観察に基づく「美」と「崇高」という特徴が、いつの間にか「女性」と「男性」という「人間における性的性格」に転換されて観察されることになる。つまり、まず第一章で「雪をいただく頂が雲にそびえる山岳の眺め」や「荒れ狂う嵐の叙述」には「崇高の感情」が伴うが、「豊かに花咲く草原」や「放牧の群におおわれた谷間の眺望」には「美の感情」が伴う (II 208) と、「自然の観察」に基づいて「崇高」と「美」とが割り当てられている。しかしその直後、第二章冒頭で「悟性は崇高で、機知は美しい。大胆は崇高であり、手管は卑小だが美しい」(II 211) と、今度は「崇高」と「美」が「人間の性質」へと変換されているのである。その上で「崇高」は男性の、「美」は女性の性質へと割り振られることになる。「美しい性は男性と同様悟性を持っているが、ただそれは美しい悟性である。我々男性のものは深い悟性であるべきであり、それは崇高と同一のことを意味する表現である」（II 229）、と。「悟性」だけではなく「徳」についても同様の操作がなされることになる。「婦人の徳は美しい徳である。男性の徳は高貴な徳であるべきである。……私は美しい性が原則をよくするとはとうてい思えない」（II 231f.）、と。

このような「性の性格づけ」は、あくまでも「観察」に基づくものであり、「法則」から必然的に導き出されるものでは決してないが、結局男性のそれに比べ女性の悟性は認識論的に「不完全な悟性」であり、またその徳は道徳的に「不完全な徳」であるとみなされているのである。要するに男女は「対照的関係」で捉えられているのである。例えば「ヒンドスタンの商人」が商売に女性を利用していることに対してカントは非難を向けているが、ここで力点が置かれているのは「邪悪な商売」ということよりも、女性の美しさに対する判定が「あらゆる男性においてかなり一様」であり「通常考えられているほど意見の違いはない」（II 237）という点に置かれているのである。「あらゆる男性」と「あらゆる女性」とが対比されているのである。そしてここから「女性‐少女教育」が構想されることになる。「あらゆる教育と教示は……このことに眼を留めなければならない。というのも、ここでは人間達を前にしていると考えるだけでは十分ではなく、同時にこの人間達が一様な種類ではないということを忘れてはならないからである」（II 228）、と。要するに、男性と女性とは「種類の異なる人間」であるとみなされているのである。

初期の段階において、カントがルソーの教育論から多大な影響を蒙っていたことは、『美と崇高』にかんする『覚え書き』や『遺稿』類によって明らかである。ルソーの『エミール』（一七六二年）第五編「ソフィー」における「女性のすべての教育は男性のためになされねば」ならず、それが「我々男性が女性に彼女らが幼少の頃から教えなければならないことである」という主張を受けて、カントは「少女の性格を育てることが男性の、また一般に人倫の教育に大きな影響を与えるだろうというルソーの重要な思想は研究に値する。もはや少女は作法についてだけ調教され、人倫や優れた思考法について教育されることはない」（XV/2 564）と記しているのである。ルソーがカント初期の「少女教育論」に決定的な影響を与えたことは疑いえない。

ではカントはどのような観点から「女性－少女教育」を目論んでいるのであろうか？　読者の目に触れることを想定していない『覚え書き』等ではより明確にルソー的主張を繰り返すことになるが、そこでは女性は「自然により近い」（XX 50）と捉えられている。要するにカントはルソーの「自然人」を「自然な女性」へと翻訳しているのである。そして「堕落してしまった文明」から「自然である女性」を守るという観点から女性教育をプロジェクトしているのである。従って、ルソーにとっては「男児エミール」の教育が問題であったのに対し、カントにとっては「女児ソフィー」の教育が問題となっているのである。

『覚え書き』に比すれば、女性の読者をもターゲットにしている『美と崇高』ではかなり婉曲な表現になっている。「婦人は、美しく優雅で、飾られたすべてのものに対する生来のより強い感情を」

持ち、「有用なものよりも美を優先」する（II 229）。そして「彼女達がなにかをなすのは、それがよく彼女達のお気に召すから」なのだから、「ただ善きものだけを彼女達のお気に召すようにするところに」教育の「こつがある」（II 231f.）、と。要するに「生まれつき」制限されている女性の悟性や理性を配慮した教育プロジェクトが必要であるとカントはみているのである。そして結局のところ、「婦人の大いなる学問の内容はむしろ人間であり、人間のうちでも男性である。彼女の哲学は推理することではなく、感覚することである」（II 230）とみなされ、女性は知的活動を放棄し家庭内に留まることによって強力な「女性の魅力」を授受されると結論づけられている。従って、カントの初期女性教育構想はいわば女性の「自己譲渡」に基づいていることになり、老年になって初めて――夫のコントロール下にではあるが――知的活動が認められることになるのである（II 239f. 参照）。

これに対し晩年の『人間学』では「物理学的現象」である「梃子《てこ》の原理」の力関係が「両性の関係」に応用されることになる。つまり「大きな力を必要とする他の機械と比べて、同程度の仕事を小さな力でこなさなければならない機械があるとすれば、それはどんなものであれ何かしらそれ相当の技術が施されているに違いない」（VII 303）と前提した上で、より大きな力を有する男性に対し、より力の劣っている「女性の側の身体器官のうちに一層多くの技術が施されており、それは自然の配慮によるものだったのであろう、とあらかじめ推察することができる」（同）とみなされているのである。この場合「技術」とは「梃子の腕がより長いこと」によって生ずる、肉体的な力の強さとは異なる強さ、例えば怜悧や奸計に巧みなことを意味し、これこそが「肉体的に弱い女性」の優れた長所なのである。両性はこの関係によって相互に対等な「力の均衡」を保つことになる。従って、両性の関係は初期の段階では「美」と「崇高」という「種類の異なる性質」の差に還元され、そのために男女は「種類の異なる人間」とみなされていたのに対し、晩年においては「力」や「腕の長さ」という「質を同じくする量」の差へと変換されるべく試みられているのである。しかしこの試みは上手くいっているとはいえないだろう。なぜなら、確かに「力の量」という観点からすれば、「質を同じくする量の差」へと還元しうるかもしれないが、しかし「力」を特徴としているのは基本的に男性だけであって、女性の方は「怜悧や奸計に巧みなこと」を特徴としているからである。それゆえ男性は「強者の権利」を基盤とし、「外敵から家庭を守らねばならないのに対し、女性の弱さは「男性を操ってこれを自分の意図のままに使用する起重機」(5)(Ⅶ 303)なのである。「その肉体的な能力と勇気によって」優っている男性に対し、「男性の傾向性を手玉に取る」ことが「女性特有の天性」なのである(同)。要するにここでもまた男女は質を異にしていることになる。ただし初期の見解とは大きく異なって、女性は少なくとも男性に優る長所(起重機)を所有していることになる。

ではこのような男女の性による差異は『人間学』においてどのように根拠づけられているのであろうか? 初期と同様ここでもまた、カントはその根拠を基本的に「生来の」「生まれつき」の「性的性格」に帰している。つまり、「いまだ未開な状態においては優位は男性の側にだけしか存在しなかった」のであり、「女性の本性は野生の林檎や梨とほとんど同じ」(Ⅱ 303, 強調筆者)であり、「野卑な自然状態では……女性は一種の家畜」(Ⅱ 304, 強調筆者)にすぎないとみなされているのである。

従って、初期においても晩年においても、男性と女性という性の性格は生来の「自然本性」によって根拠づけられているのである。しかし初期と晩年では「男女間の同等な力関係」ないし「女性における男性に優る長所」が認められているという点で、女性に対する見方は大きく変化しているように思えるのである（ただし、いずれにおいても観察されているのはもっぱら女性だけではあるが）。

『美と崇高』と『人間学』の間には三四年の年月が流れている。そしてこの間カントは「批判的著作」を公刊し、「観察者」の視点に基づく著作はまったく著していない。しかしながら「観察者」の視点が放棄されていたというわけではまったくなく、著作こそ著してはいないが、大学では「自然」と「人間」にかんする講義がこの間とぎれることなく継続されていたのである。つまり一七五六年夏学期（七二年からは冬学期へ移行）からは「自然地理学講義」が、また七二年夏学期からは「人間学講義」が最晩年まで継続されているのである（「カント」199–221参照）。そして「人間学講義」にかんしていえば、両性の関係がとりわけ「女性の倫理学的位置づけ」に重点を置いて考察されているのである。

さてこのようにみてくると、確かに「哲学者」としてのカントには客観的な「法則性」に基づく認識諸能力への「批判」という厳格な視点が貫かれているのに対し、「観察者」としてのカントは――「両性の関係」にのみ限定すれば――「自然現象」や「物理的な力関係」のたんなる類推に基づく視点によって「人間的自然の特殊性」を様々な方向で考察しているのである。この点からすれば二つの視点はまったく異なっているようにみえる。しかしこの二つの視点は本当に交差していないのであろうか？　この問題を考察するために第二章において「哲学者の視点」を、第三章において「観察者の視点」をさらに検討することにしよう。

# 第二章　「哲学者＝カント」の調停方法
## ――二つの「批判」から「形而上学」へ

### 一節　『純粋理性批判』概要

#### (1)　超越論的論理学

ここでは「理性の関心」のうち「第一の問い」に対応する「自然の形而上学」の基礎づけとなる「純粋理性」ないし「思弁的理論理性」への批判を考察するつもりであるが、問題の核心を簡潔にするためにまず「三段論法」における簡単な論理式を一つ挙げておこう。「(大前提)アリストテレスは人間である／(小前提)人間は死すべきものである／(結論)従って、アリストテレスは死すべきものである」。これは「伝統的形式論理学」におけるきわめて基本的な論理式である。この場合「アリストテレス」は一個人なので「特殊」であり、「死」はすべての人間、いやそれどころかすべての生きとし生けるものに不可避な出来事なので「普遍」である。従ってここでは「特殊」が「普遍」のもとに「包摂される」関係が示されている。これを一般化すれば、「A is B／B is C／∴A is C」となる。この式において基本的な問題点は最初は無関係にみえる異質な二つの概念「A」と「C」とを、その中間項である「B」を媒介させることによって結びつけることである。そこで「B」は「媒概念」と称されることになる（とはいえ、先ほど挙げた「アリストテレス」の例はあまりにわかりやすいので、「人間」という概念を媒介させるまでもないであろうが）。

さて、カントは『純粋理性批判』において自然界に現存する外界を客観的に認識する「人間のアプリオリな認識能力の構造」の解明を試みているわけだが、この「認識論」を貫いている最も基本的な論理構造が上記の論理式と基本的には同じであるとみなすことができるのである。なぜなら、「客観的認識の解明」は異質な二つの領域がどのようにして包摂関係を成就しうるのかという点に集約できるからである。

まず大まかに概要しておけば、例えば、「強風によって断崖から岩が落下した」という出来事が先ほど生じたとしよう。私は「先ほど」「ある断崖」で「強風によって岩が落下した」のを目の前で目撃したのである。するとまず私は「強風が吹いた」という出来事を身体的に触覚（具体化された感性）によって感じ、さらに「岩が落下した」という出来事を視覚（具体化された感性）によって、一定の時間に（先ほど）一定の空間（ある断崖）において（「時間 - 空間」という「直観形式」のもとで）受容したことになる。カント風に表現すれば、私は自然のこの一連の出来事を——この出来事の

「物自体」に「触発」されて――様々な感覚的データとして受動的に「感性」で受け入れ、「直観」に基づいて一定の「現象」として構成したことになる。「現象として構成する」、つまり「一連の感覚的データを総合する」ということは「想像力の作用」である。すべての「総合」は「想像力」の機能なのであるが（KrVB104）、ここではその「再生的機能」が作用していることになる（詳細は後述する）。そしてこのような「現象」、つまり「受動的に受容され、総合された一定の感覚的データ」は、最終的に「カテゴリー（純粋悟性概念）」と呼ばれる「能動的な判断機能」によってカテゴライズ（概念化）されることになる。カントは「悟性一般」を「規則の能力」とみなし（KrVB 171）、それをいくつかの機能に区分している（「統覚ないし悟性そのもの」「カテゴリー」「判断力」「想像力」）。そこで、それらがどのように機能するのかを概要しておけば、まず「悟性そのもの」とはすべての認識の中心に位置する「純粋統覚（私自体）」であり、「カテゴリー（規則）」とは「悟性そのもの」の「判断機能」である。そして「判断力」はカテゴリーのもとに現象の多様を「包摂する能力」であり（同）、「想像力」は「現在しない対象を……直観において表象する能力」（KrVB 151）である。これらの諸機能については徐々に明らかにするつもりであるが、「カテゴリー」についていえば、カントは「カテゴリー」を「伝統的形式論理学」における「判断の四つの思惟機能」、つまり①量、②質、③関係、④様相（KrVB 95）から導き出し、それぞれ「カテゴリー」の四つの機能（同じく①量、②質、③関係、④様相）に対応させている。

「形式論理学の表」においても「カテゴリー表」においても、各項はさらに三つに区分されている。

例えば二つの表の「③関係」の項において、前者は「定言的判断、仮言的判断、選言的判断」に区分され、後者は「内属性と自存性（実体性と偶有性）、原因性と依存性（原因と結果）、相互性（能動者と受動者の相互作用）」に区分されている。そして両者の最大の相違点は、後者の場合「時間関係」が基盤になっているということである。つまりカントは「力－運動」を可能とする、つまり「力学」を可能とする「時間関係」を基盤にした論理学的関係を整備しようとしているのであり、それを「超越論的論理学」と称しているのである（以下の表は宇都宮芳明監訳『純粋理性批判』（以文社）によるものである）。

〔論理学表〕

1．判断の量
- 全称的
- 特称的
- 単称的

2．［判断の］質
- 肯定的
- 否定的
- 無限的

3．［判断の］関係
- 定言的
- 仮言的
- 選言的

4．［判断の］様相
- 蓋然的
- 実然的
- 確然的

〔カテゴリー表〕

1．量の［カテゴリー］
- 単一性
- 数多性
- 全体性

2．質の［カテゴリー］
- 実在性
- 否定性
- 制限性

3．関係の［カテゴリー］
- 内属性と自体存在（実体性と偶有性）
- 原因性と依存性（原因と結果）
- 相互性（能動者と受動者の相互作用）

4．様相の［カテゴリー］
- 可能性－不可能性
- 現存性－非存在
- 必然性－偶然性

「判断」という観点から、「S is P」という判断と「カテゴリー」との関係を示しておけば、「主語S」が「①量のカテゴリー」に、また「述語P」が「②質のカテゴリー」に対応することになる。つまり「量のカテゴリー」においては、「主語」がどれほどの量なのかが規定されることになる。要するに「Pという性質」を〈すべての〉主語が帯びているのか、〈いくつかの〉主語が帯びているのか、それとも〈ただ一つの〉主語が帯びているのかが判断のポイントなのである。次に「質のカテゴリー」においては、「主語S」は「Pという性質」を〈もっている〉のか、〈いない〉のか、それとも〈「P以外の性質」を持っている〉のかが判定されることになる。さらに「③関係のカテゴリー」は判断における「is」、つまり「コプラ（繋辞）」に相当する。要するに「量（主語）」と「質（述語）」とがどのような関係にあるかがここにおいて判定されることになる。「カテゴリー」において最も重要なのは力学的基礎づけの要となるこの「③関係のカテゴリー」であるが、これによって例えば「ある自然現象はどのような自然法則に従っているのか」が判定されるわけである。先の例では、「強風が吹いた」ことが原因となって「岩が落下した」という結果が生じたのだから、この現象は「因果性の法則（原因性）」に従っていると「関係のカテゴリー」は判断することになる。最後に「④様相のカテゴリー」では「ある現象（強風が吹いたので岩が落下した）」が〈生じうることも生じえないこともありうる状態（可能的）〉なのか、〈現に生じている状態（現実的）〉なのか、それとも〈法則に従って必ず生じる状態（必然的）〉なのかが判断されることになる。

以上のように、「カテゴリー」とはほかならない「私（悟性そのもの＝純粋統覚）」にアプリオリに備わっている機能であり、この機能に基づいて判定されたさまざまな「現象」は最終的に「私」のもとに統一され、こうして「正しく認識された」ということが保証されることになるのである。このように、我々人間はあらかじめアプリオリに外界の現象を自然法則に則して判定しうる「カテゴリー」という機能を備えているゆえに、「自然法則」はたんなる「習慣の産物」（前章におけるヒュームの考えを参照）としてではなく、人間にとって「客観的かつ必然的に存在する法則」とみなすことができるのである。カントはこうしてヒュームの経験論的な懐疑に決着をつけようとしているのである。

さてここでカントが最大の問題としているのは、受動的に総合された「現象」とそれを能動的に判定する「カテゴリー」という異質なものがどのようにして結びつくことができるのかという点である。これを先の論理式に当てはめてみれば、概念「A」はアポステリオリに与えられる経験的な「現象（特殊）」に該当し、概念「C」は悟性にアプリオリに備わっている「カテゴリー（普遍）」に該当する。そして「C」によって「A」がいかなる自然法則に従った現象であるのかが判定されることになるのである。つまり「普遍（規則・法則・原理）」があらかじめ与えられている場合、そのもとへ「特殊」を包摂する関係が生じるわけだが、カントによればこのように「包摂」をなしうる能力は「規定的判断力」と呼ばれている（V 178）。そしてここで問題なのは「A」と「C」とが一体何を媒介として総合されうるのかという点である。要するに、媒概念「B」に相当するものの究明がここでの要点なのである。また、さらに視点を拡張してみれば――後に「純粋理性の二律背反」の箇所で詳述することになるが――アポステリオリな「実験科学的総合判断（経験論）」とアプリオリな「数学的分析判断（合理論）」との結合を可能とする「媒介機能」が探られていることにもなる。要するに、カントは「アプリオリな総合判断」の可能性の解明をこの「媒介機能」に求めているのである。ただし再度強調しておくが、この究明は「伝統的形式論理学」の問題ではなく、あくまでもカント独自の「超越論的論理学」の問題である。ここには多くの重要で複雑な問題点が存在していることは確かであるが、ただ論理構造そのものは「形式論理学」と基本的に同一であるとみなすことができ、その核心が「媒介機能」の究明であるゆえに、ここでは「カテゴリー」の問題にこれ以上立ち入らずに「媒介機能」を考察することにする。

## (2)「媒介機能」としての「超越論的図式」

結論的にいえば、ここでの「媒介機能」は「超越論的図式」であり、それは想像力の産出的機能によって構想されることになる。例えばノートに何らかの幾何学的図形を描こうとしてまず一本の線を引く場合、我々はそれを実際に描く以前にあらかじめ「頭の中で引いてみることなしには、いかなる線も考えることはできない」(KrVB 154) であろう。無意識的に乱雑に線を引く場合なら、「あらかじめ頭の中で引いてみる」などということはしないが、ある程度きちんとした幾何学的図形を描こうとすると、必ずその図形をあらかじめ頭の中で整理して思い描いているはずである。このあらかじめ「構想された図形」は一つの点から次の点へと継起しながら、一本の線を構成することになる、つまり「時間」に従って継起し「空間(線)」を構成することになる。そしてこのようにして構成された線の組み合わせによって「幾何学的図形」が構想《イメージ》され、その後にこの図形がノートに描かれることになるのである。つまり、この過程において「線」なり「図形」なりを構想するということは、「現在していない対象」を「直観(空間 - 時間)において」構成しているわけである。そしてこのように構想しうる認識能力こそ、「想像力」の産出的機能にほかならないのである(KrVB 151)。

「図式」とはこの「構想された図形」にほかならず、「超越論的時間規定」として「現象(特殊)」と「カテゴリー(普遍)」とを媒介するとみなされているのである。なぜ「時間規定」なのかというと、「図式」が「時間」に従って規定されている限りにおいて、それは「現象」と同種であり(というのもすべての「現象」は「時間」に規定されているからである——例えば「音楽」のように空間的に規定されない現象であっても時間的には規定されている）、また「図式」は、それが実際に描かれるという経験に先立って「時間」に規定されている、つまり「アプリオリに」規定されている限りでは「カテゴリー」と同種だからである。要するにこの「時間規定」は「現象」と「カテゴリー」双方と同種であり、それによって両者を媒介しうるゆえに、つまり「図式」は「アプリオリ」で「総合的な」要素をともに備えているゆえに「カテゴリー」と「現象」とを媒介し「アプリオリな総合判断」を可能にすべく機能しているとみなされているのである。また「時間」規定であって「空間」規定でないのは「空間」よりも「時間」の方が根源的な直観だからである。つまり、すべての直観は最終的に「意識の流れ」という「時間的継起」に従って規定される以上、「時間」は「空間的な形象」に先立つより根源的な直観であるとみなされうるからである。

　もう少し具体的に考えてみよう。例えば「三角形」をノートに描く場合、「図式」は質料的具体性をまったく持たない純粋なものとして構想されている。それは、現実のすべての具体的な三角形に対応しうるためである。これに対し実際に描かれる現実の「三角形」はすべて質料的な線に囲まれているので完全に厳密な、理想的に規定されることができない不完全なものでしかありえない。そうした不完全な三角形をすべて三角形として認識しうるために、質料をまったく欠いた純粋な状態で「図式」は構想されているのである。純粋であるゆえに「図式」は、カテゴリーにおける純粋な「自然法則」に適用可能となりうるのである。例えば先に挙げた「因果性の法則」の場合も、その「原則」は具体性をまったく持たない純粋な規定なのである。それは「強風によって岩が落下した」場合にも、「大雨のために川が氾濫した」場合にも、どのような「因果性による現象」にも対応しうることになる。こうして、純粋な時間規定である「図式」による「媒介機能」のおかげで、「判断力（規定的判断力）」は「普遍（カテゴリー）」のもとへと「特殊（現象）」を包摂しうることになるのである。

（3）「想像力」の問題点

このようにカントにおいて「想像力」は非常に重要な役割を果たしており、「認識」のすべての段階において総合的に機能しているとみなされている。そこで「想像力の総合的機能」をもう一度立ち入って問題にしてみることにするが、想像力のこの「総合作用」は改訂された「B版」よりもむしろ改訂前の「A版」において明瞭に把握されているので、ここではあえて「A版」における想像力の機能を問題にしようと思う。[6] つまり、「認識」の第一段階において、「想像力」はまず一定の「知覚」を可能にする「把捉（覚知）」の総合」を担うことになる。

例えば「強風が吹いた」という現象は「一定の知覚」によって受容されうるが、そのようなある「一定の知覚」を構成しているのが多様な「把捉の総合」なのである。「把捉」とは瞬間毎に与えられるそのつどの感覚的データを受容することであるが、多様な「そのつど与えられる各々の把捉」を「総合する」のが想像力の「再生的機能」なのである。つまり、過ぎ去ってしまって現存していない「瞬間的データ」を想像力が想像し（再生し）、それを「今現存しているこの瞬間のデータ」に結びつけ（総合し）ているのがこの「再生的機能」にほかならない。そしてこのような再生機能のおかげで、時間秩序に従って過ぎ去っていったいくつもの瞬間的データがそのつどの新たなる「今の瞬間的データ」と総合されることになり、こうした一連の「把捉」の「総合」によって初めて「強風が吹いた」というような一定の意味を持つ「知覚」が「現象」として構成されうることになるのである（それゆえこの段階では「時間の系列」も形成されることになる）。従って、「把捉」とは「直接的に諸知覚に行使された想像力の働き」（KrVA 120）であり、それゆえ「想像力」は「知覚そのものの必然的成分」（KrVA 120Anm.）なのである。同じことになるが「B版」においても、「把捉の総合」は、「これによって知覚すなわち直観の経験的意識が（現象として）可能になるところの、経験的直観における多様の合成である」（KrVB 160）と表現されることになる⑴「直観における把捉の総合」の段階）。次にこのような一つ一つの「知覚」がさらに「想像力」の「再生的機能」によって総合され、「強風が吹いたので岩が落下した」という因果関係を持つ一連の「現象」として構成されるのであるが、これが認識の「第二段階」である。つまり、この段階では「強風が吹いた」という「知覚」と「岩が落下した」という「知覚」が「想像力」によって継起的に総合され、それによって「因果的連関にある運動」としての現象が構成されることになるのである。要するに、「把捉の総合」の場合と同様、一つ一つの「知覚」を「想像力」の「再生的機能」によって、それらが過ぎ去った後も想像することによって再生しつつ、そのつどの新たな「知覚」に結合し、それによって再生された一連の「知覚」を時間秩序に従って連続的に総合しているのである。そのおかげで一定の「因果的連関にある運動状態」が構成されるわけである(2)「想像における再生の総合」の段階)。最後に、これまでの二段階の総合によって構成された諸々の現象は「カテゴリー」によってその「原因性」を判定され、この判定が最終的に「私」へともたらされる、つまり「諸現象」が「想像力の再生的機能」を介して「私」と総合され、これによって以上のすべての過程がほかならない「私」の表象として「統一」されることが妥当であるとみなされる(演繹的に証明される)ことになるのである。要するに「現象」と「カテゴリー(概念)」とが一致する「正しい認識」が総合的に統一されるわけである(3)「概念における再認の総合」の段階)。

さて、以上が「A版」における「カテゴリーの演繹」の核心部分であるが(KrVA 98–111)、ここで展開されているすべての「総合」は「想像力」の「再生的機能」に基づいている。これは先に挙げた「図式」の場合の「産出的機能」(この「機能」は特に「B版」において展開されたものである)と異なった機能ではあるが、しかしいずれも「異質なもの」を総合するという点では同一の機能を果たしているといえる。つまり、「A版」における「再生的機能」の場合は、ある「把捉」と、それとは別の「把捉」が、またある「知覚」と、それとは別の「知覚」が総合されることになるが、「B版」における「図式」における「産出的機能」の場合にも受動的に総合された「現象」と能動的に判断する「カテゴリー」とが総合されているわけである。そして以上のように「想像力」はきわめて重要な役割を果たしているために、カントはそれを「A版」では、「感官」や「統覚」にならぶ独自の「主観的認識源泉」の一つとさえみなしているのである(KrVA 115)。

先に挙げた「論理式」に照らしてみれば、この観点は「感官（A）」と「統覚（C）」とを総合する「想像力の媒介機能（B）」を明確に示しているといえるだろう。ただし「A版」への批判を受けて書き改めた「B版」では「想像力」の位置づけはきわめて曖昧にされている。「想像力は……諸悟性概念に対応する直観を与えうる主観的制約のゆえに、感性に属する」と規定される一方で、さらにそれは「感性をアプリオリに規定する能力」であり、従って「可能的直観の諸対象に対する悟性の最初の適用」であるとも、つまり「悟性の一作用」であるともみなされているのである。そもそも「想像力」とは、それが「対象を直観において表象する」限りでは確かに受動的であり、感性的に作用しているが、しかしもう一方で「現在していない対象を表象する」限りでは能動的であり悟性的に作用しているのである（KrVB 151f.）。要するに、もともと感性的な要素と悟性的な要素とを兼ね備えており、それゆえにこそ、両者を媒介しうる可能性を帯びているのである。従って、「想像力」が「感性に属している」とみなされようが、「悟性に属している」とみなされようが、はたまた「独自の主観的認識源泉」とみなされようが、いずれにしてもその核心は論理的な「媒介機能」なのであり、ここではそれが確認できれば十分であろう。

### （4）「形而上学」の課題としての「三つの理念」

さて、「客観的認識」の及びうる範囲はここまでである。「想像力」が産出する「図式」を媒介にしてさまざまな「現象」が「カテゴリー」のもとに「規定的判断力」によって包摂され、ここから「純粋悟性の諸原則」が導き出されることになるが、これらの諸規則はさらに「理性の原理」によって統制的に統一されることになる。つまり、「悟性が諸規則を介して諸現象を統一する能力」であるのと同様、「理性は悟性の諸規則を諸原理のもとに統一する能力」(KrVB 359) にほかならないのである。理性は経験や経験的対象に直接かかわることはまったくなく、もっぱら自然概念としての「悟性にかかわる」(同) が、このように悟性が理性の対象となるのは「感性が悟性の対象となるのとまったく同様」(KrVB 692) なのである。また理性が悟性のすべての規則を体系的に統一するのは、悟性が諸現象の多様をカテゴリーに基づいて連結することによって「経験的諸法則のもとにもたらすのと同様」(同) なのである。従って「理性の統一」においては可能的経験を超えた、つまり「フェノメノン(現象界)」から離脱した「ヌーメノン(英知界)」の領域が問題となるが、これこそが本来の「形而上学」の領域にほかならない。

「形而上学」とはもともとアリストテレス(ギリシャ、Ἀριστοτέλης BC. 384-322) の「第一哲学」に由来する諸論考のことであるが、アリストテレスは自然に存在するものの論究(自然学)とは別に、存在しているすべてのものを存在せしめている存在そのものの探求を試みており、それを「第一哲学」と称したのである。「第一哲学」というこの試みは、彼の没後弟子達によって編纂された体系においては、「自然学 φύσικα《フィジカ》」の後に(μετά《メタ》) 配置されたことから、中世世界では「Meta-Phisica《メタフィジカ》」とラテン語表記され、それが「形而上学」と邦訳されることになったのである。やがて「形而上学」はヴォルフによって「キリスト教的三位一体」と関連づけられ、「心理学」「宇宙論」および「神学」

という三領域に区分されることになったが、これ以降、この三領域が「伝統的形而上学」において探求されるべき三つの課題を提供するとみなされるようになったのである。そして「心理学」においては〈魂の単純性〉や〈魂の不死〉、また「宇宙論」においては〈宇宙の普遍性〉や〈宇宙における意志の自由〉、「神学」においては〈神の現存〉や〈神の本質的属性〉という課題が探求されることになったのである。

カントももちろんこの三つの課題を最終的な形而上学の対象とみなし、それを「関係のカテゴリー」を基礎づけている論理的な三つの「理性推理」（二〇頁の〔論理学表〕参照）によって必然的に導きだし、これらを「純粋理性概念」すなわち「理念」として規定したわけである。「理念」とは、経験を条件づけている前提をさかのぼっていった場合の最終的な前提、つまりそれ以上条件づけられることのない「無条件者」のことである。それは実在にかかわる経験領域を遙かに超えてはいるが、必然的に正しく「推論された概念」（KrVB 366）にほかならない。「認識論」にかんしていえば、「心理学」は「定言的理性推理」に基づいて認識する主体である「私そのもの（魂の単純性）」という理念を、「宇宙論」は「仮言的理性推理」に基づいて認識の客体である「現象の総体（宇宙の普遍性）」という理念を、さらに「神学」は「選言的理性推理」に基づいて以上の二つの理念を創造した最終的な無条件者である「神の現存」という理念を推論することになる（KrVB 392f.）。また、経験的領域を超えているにもかかわらず、それらは「正しく推論された」という意味で「客観的妥当性を有する」（KrVB 368）とみなされ、そのために「悟性概念に対して最大の拡張と統一とを与える統制的使用に役立つ」(KrVB 672)ことが正当化されているのである。つまり、「理念」は「カテゴリー」のように直接的に現象を構成する「構成的原理」というわけではないが、しかし「統制的原理」として悟性認識に最大の統一を与えうることになるのである。そしてカントは客観的実在性を持たないゆえに「虚焦点」(KrVB 672)でしかありえないこれらの理念を「悟性」の対象としてではなく、「理性」の対象とみなしたわけであるが、ここにもカントの「改革」の姿勢がはっきりと貫かれているのである。例えば『プロレゴメナ』(一七八三年)においては、「理念すなわち純粋理性概念とカテゴリーすなわち純粋悟性概念とをまったく異なった種類と起源と使用とを有する認識として区別するということは……きわめて重要な事柄であり、……純粋理性の超越的課題を満足させようとするすべての無駄な努力よりも、多くの貢献をしたことであろう、この無駄な努力は昔から企てられてきたものであるが、その際……悟性概念と理性概念とが、同一の種類ででもあるかのように、ひとまとめに数え上げられたのである」(IV 328f.)と、この「区別」が従来の形而上学への根本的な批判である点を明確に述べているのである。

(5)「理念」――「感性的図式の類似物」と「二律背反」

ところで、これらの理念にかんしては「カテゴリー」についてなしえたような客観的演繹はもともと不可能」(KrVB 393)である。なぜなら経験的領域を遙かに超える「諸理念」には、それらに対応する実在的な感性的対象が与えられることは決してないからである。従って、ここでは先に述べたように、三つの「必然的な理性推理（三段論法）」（KrVB 397）によってのみ「理念」が導き出されることになるゆえに、これらの「理念」に対応する「感性的図式は与えられえない」（KrVB 692）ことにもなるのである。

しかしながら「悟性統一」と「理性統一」という「まったく別種なもの」を媒介するなにものか、すなわち「感性的図式の類似物 Analogon」がなければ体系的統一は与えられないことになるが、カントはこの「類似物」を「理性理念」とみなしているのである（KrVB 693）。要するに「自然概念」を理性的に図式化するということは、この「理性の図式」が「すべての悟性使用を体系的に統一するための規則ないし原理」（同）であることを意味しており、従って「理性の図式」は決して「構成的原理の図式」ではなく、あくまでも「統制的原理の図式」（KrVB 702）にすぎないことになる。順次明らかにするつもりであるが、「人間の全使命」はすべての「従属的な諸目的」が、そこに「手段として必然的に帰属する……究極目的」に到達することにある（KrVB 868）。つまりあらゆる体系的統一は「究極目的」において完成することになり、従って「悟性統一」は「理性の図式」を媒介として「究極目的」のもとに包摂されることになるのである。カントはここで明確に定義しているわけではないが、このような仕方で「包摂」しうる能力は「反省的判断力」以外にはありえないだろう。というのも、後に『判断力批判』において「反省的判断力」に対する明確な定義が規定されるのであるが、それによれば「反省的判断力」とは「特殊的なものが与えられている」場合に、これらの特殊的なものに対して「普遍的なものを見出す」能力だからである（V 175）。そしてここでは、諸々の自然法則である多様な「悟性統一」は特殊的なものとしてすでに与えられており、それらをすべて包摂しうる普遍的なもの、すなわち「究極目的」が求められているのである。そうするとこの場合「三つの理性理念」こそが媒介として機能していることになろう。なぜなら、我々は「理念」に導かれることによってしか「究極目的」へと到達することはできないからである。従って、「理念」こそが「感性的図式の類似物」にほかならないのである。「理念」は経験的認識の限界を遥かに超え、いささかも実在性を持つことはないにもかかわらず、「理性の図式」として我々を経験的領域から「究極目的」へと導いてくれるのである。

これに対し、「理念」に客観的実在性を認めるような主張は偽りの推理に基づいて「詭弁的概念」(KrVB 368) を導くことになる。カントは「合理論」において繰り返しこのような推理が行われてきたという点を厳しく批判することになるが、この問題を扱っているのが「超越論的弁証論」(KrVB 349ff.) である。カントにおいて「弁証論 Dialektik」とは偽りの論理学、つまり「仮象の論理学」を意味しているが、この「仮象の論理学」においても「偽りの推理」は「理念」に則して三つ存在することになる。そしてこれらの理念の中で、「認識論」にかんして最も重要なのは「宇宙論」における〈宇宙の普遍性〉つまり〈現象の総体〉という理念である。要するに、ここでは「原因と結果の連鎖」に基づく現象界の客観的な諸条件を「無条件的に統一する理念」が問題とされているわけだが、カントのみるところ、この問題はこれまで矛盾する二つの観点から考察されてきたことになる。一方は「合理論」であり、他方は「経験論」である。カントは前者を「定立（テーゼ）」、後者を「反定立（アンチテーゼ）」とみなし、カテゴリーに則した「四つの抗争」として比較検討している（KrVB 454ff.）。「第一の抗争」では「世界が時間的な始まりを持ち、空間的に限定されている」（定立）のか「世界が時間的空間的に無限である」（反定立）のかが検討され、「第二の抗争」では「世界が単純な実体とその合成体から成り立つ」（定立）のか「世界にはいかなる単純体も現存しない」（反定立）のかが検討されている。この二つの抗争に対して、カントはいずれも一つの同じ誤った仮説を前提にしているとみなし、いずれをも退けている。なぜなら、両者ともに「世界そのもの」という「現象の総体」が我々人間の直観に与えられうるという仮説から出発しているからである。つまり時空間の有限性とか無限性等という問題を我々人間は直観することは不可能であるにもかかわらず、「定立－反定立」ともにそのような直観が可能であるかのように前提しているからである。

さて「第三の抗争」では「自然の原因性以外に自由の原因性を想定する必要がある」（定立）のか「自由はなく、世界のすべては自然の法則性に従っている」（反定立）のかが検討され、「第四の抗争」では「世界には端的に必然的な存在者が属している」（定立）のか「端的に必然的な存在者は現存しない」（反定立）のかが比較されている。この二つの抗争においては結局神のような「自由な原因性を有する必然的な存在者」が実在するか否かが問題とされており、明らかに「定立」と「反定立」とでは矛盾しているようにみえる。しかしカントは先の二つの抗争とは逆に、見方を変えることによってこの二つの抗争はいずれも正しい主張であるとみなしている。要するに、「定立」における主張は「ヌーメノン」の世界に妥当し、「反定立」における主張は「フェノメノン」の世界に妥当するとみなしているのである。一方では「自由な原因性を有する必然的な存在者」がその自由意志に基づいて「世界」を創造したと想定せざるをえないし、他方ではこのようにして創造された「世界」の内部は自由の余地のない「自然法則」によって拘束されていると想定されているのである。要するに、「不自由な世界（現象界）」を考察していくと最終的にこの世界を条件づけている「無条件者」、すなわち「自由な原因性を有する必然的な存在者」を――この存在者の「自由意志」によって創造された「宇宙そのもの」という「理念」を介して――推論せざるをえなくなるというわけである。このようにしてカントは「二律背反」についての考察によって「合理論（定立）」と「経験論（反定立）」とを調停することができるとみなしており、従ってここにもカント的な「調停方法」、つまり「アプリオリな（合理論的な）総合判断（経験論）」の試みを確認しうるし、また「反省的判断力」という「包摂能力」を確認することができるのである。「理論理性」はこうして「世界における一切の秩序を、あたかもこれらの秩序が最高理性の意図から生じたかのようにみなす」ことによって「合目的的統一」(KrVB 714) を成就することになる。「合目的的統一」については「第四章」において問題にすることになるが、認識の領域は以上のように「すべて直観を持って始まり、直観から概念にいたり、理性を持って終わる」(KrVB 730) と想定されているのである。

ところで、「形而上学」における本来の課題をなすのは「二律背反」における「定立」の主張である。それはカントによって客観的妥当性を獲得したとはいえ、しかしその妥当性は「推論」されているだけの、客観的実在性を持たないきわめて消極的な妥当性にすぎない。「認識論」において、「実在的根拠」のないものは積極的な意義を持ちえないからである。このように理論的認識の領域においては、経験的領域を超えている「理性」は「悟性」のような実在的意義を持ちえないのに対し、たんなる「理念」であっても、「実践領域」においては理念が客観的実在性を持つとみなされることになる。なぜならそれは「感性的世界に影響を与え、この影響力によって感性界を可能にする」(KrVB 836)からである。そしてこのような「実践領域」を基礎づけているのが「実践理性」である。そこで次に「理性の関心」における「第二の問い」に対応する「人倫の形而上学」を基礎づけるための「実践理性の批判」を考察することにしよう。

## 二節　「実践理性」の諸問題

### (1)　「実践理性」における諸前提――「自由」「最高善」「道徳法則」

カントは「道徳的世界」にかんして「理性」にきわめて積極的な意義を認めているが、その前提となっているのが各々の認識能力に対し各々に相応する学問領域を割り当てるという構想である。「感性」には「純粋数学」が、「悟性」には「純粋自然科学」が割り当てられている。つまり、感性には「空間」というアプリオリな純粋直観が備わっているゆえに「幾何学」が可能となり、同じく「時間」というアプリオリな直観が備わっているゆえに「算術」が可能となる。そして悟性には「カテゴリー」

が備わっているゆえに「純粋自然科学」が成立することとなる。また先に述べたように、「認識論」の領域において「理性」すなわち思弁的な「理論理性」には消極的な意義しか与えられていないのに対し、「実践論」の領域において「理性」すなわち「実践理性」にはきわめて積極的な意義が与えられ、「倫理学」が割り当てられることになる。そもそも「実践」には〈人間的な行為一般〉が含意されているが、とりわけそれは何よりもまず「およそ自由によって可能なるものすべて」(KrVB 828)を意味している。そして「自由」とは〈自らに由《よ》る〉つまり、「まったく自発的に始める……原因性」(KrVB 562)の可能性を開く理念なのである。従って、「実践的領域」において人間は自分を自然の因果性に拘束されたものとしてではなく、「自由の主体」(O 10)として、自らの自由な意志に基づいて行為する主体とみなす可能性を開くことになる。

例えば、歩行中に十字路にさしかかった時急に自転車が飛び出してきたとしよう。おそらく誰もが何も考えずにとっさに身を翻《ひるがえ》して、この自転車を避けようとするだろう。このようなアクシデントが生じた場合のとっさの行為は「自由意志」とは無関係な、衝動的な行為にすぎない。これに対し、自分の「自由意志」に基づいて例えば将来「看護師」になりたいと思っている人なら、それなりの計画を立てて看護師という「目的」に向かうことになろう。どのような学校に入って、どういう勉強をして、どんな試験を受けるかをきちんと筋道を立てて計画することと思う。そうしなければ「目的」には到達できないからである。将来の目標について計画的に行動しないなら目的は達成されないからである。「自由意志」に基づいて「目的」に到達するためには計画的に行為するための「正しく推理する能力」が必要なのである。その能力こそ「理性」にほかならない。「理性」が「自由意志」に基づいて「正しく推理」することによって初めて、当初の「目的」に至る行為の実現可能性が開かれてくることになるのである。そこでこの「自由」という理念が「実践論」における「要石」（O 4）とみなされることになる。この理念は「認識」の場合と違ってたんに「統制的」なのではなく、「構成的」な「経験を可能ならしめる原理」（KrVB 835）なのである。なぜなら、それは「目的」を可能ならしめる行為を実際に生じさせるからである。そこでカントは、我々が現に「目的」に適う行為を行いうる限りにおいて、そのような行為を生じさせる「自由の能力」はたんに可能的であるばかりではなく「その現実性を証明」（O 82）することができるとみなしているのである。そこで、後に扱う「道徳法則」ないし「定言命法」は「理性の唯一無二の事実」（O 56）とみなされているのである。

　ところで、「実践論」においてカントが究極的な「目的」として想定しているのが「最高善」である。「最高善」とは「共同体的な善」（VI 97）「最高の政治的な善すなわち永遠平和」（VI 355）であり、人類が最後に到達すべき「理性の究極目的」（KrVB 825）にほかならない。従って「最高善＝究極目的」とはいわば「道徳的秩序の完成した政治的共同体」なのである。この時代、ヨーロッパではさまざまなかたちで「市民革命」が生じ、「専制君主制」から「市民的共和制」へと移行しつつあったし、アメリカではすでに南部一三州が独立して「共和制」を実施していた。従って、「古い社会秩序」から「新しい社会秩序」への移行に伴う「新たなる社会のルール作り」が急務の課題だったのである。カントはその支柱として「道徳性に基づく共和的社会秩序」を想定しており、道徳的な「法則」によっていずれの日にか人類は「究極目的」に到達するという歴史哲学的構想を抱いていたのである。つまり、自然の世界がその「客観的な必然的法則性」によって力学的に秩序だった運動を行っている（ニュートン）のと同様、人倫の世界には人類を「究極目的」へと到達させうる「客観的な必然的法則性」が人間の自然本性のうちに深く秘蔵されている（ルソー）、とカントは確信していたのである。そしてこの法則性こそ「道徳法則」にほかならない。「道徳法則」は実際に我々の「自由意志」を規定し、道徳的行為へと駆り立てる「理性の事実」（O 81）であり、それは「事実として……実際に存在している」（KrVB 835）とみなされているのである。

カントは「道徳法則」に対するいくつかの定式化を試みているが、ここでは代表的な二つの定式を挙げておこう。一つは「汝の意志の格率［行動方針］が常に同時に普遍的立法の原理とみなされうるように行為せよ」（第一定式：O 54）であり、もう一つは「汝は汝の人格ならびにあらゆる他人の人格における人間性を常に同時に目的として使用し、決してたんに手段としてのみ使用しないように行為せよ」（第二定式：IV 429）である。いずれも、個人的（主観的）な「格率」や「人間性」が普遍的（客観的）なものに適うように行為せよという最も強い命令である。この「命令」は「当為《すべし》 Sollen」と呼ばれ、「当為」に基づく定式は「定言命法」と呼ばれている。そして「定言命法」としての「道徳法則」に適う行為は「義務 Pflicht」と呼ばれ、こうして「道徳法則」は実際に我々の意志をその法則性に基づいて「強制」し、「義務」づけることになるのである（O 57）。従って「究極目的」へと向かう我々の「自由意志」はこのように強制的に規定された意志にほかならなず、「道徳法則」を通じて「自由」という理念が「現実的に」現れることになるのである（O 5）。

確かに「道徳法則」の客観的実在性は、経験に支えられた「理論的で思弁的な理性のいかなる努力を尽くしても証明できない」が、しかしそれにもかかわらず「アプリオリに」「純粋理性の事実として」存在しているとカントは確信しているのである。そしてこのように事実としての「道徳法則という原理」と「自由という理念」とが確信されることによって、「神の存在」と「魂の不死」という理念は、確かにそれらを「認識し洞察すると主張することはできない」が、しかしそれでも「我々の純粋理性のもっぱら実践的使用の必然的客体の制約」として「客観的に妥当し、こうして……客観的に実在的であるとされるばかりではなく、それらを想定する権能、ないしはそれらを想定すること自体が主体に必然的である（純粋理性の必要）」（O 6）とみなされているのである。ではなぜそのように想定しうるのかを考察することにしよう。

## （2）「実践的理念」と「実践的図式機能」としての「範型」

我々は自分が一方では「感性界に属するもの」として「必然的に因果性の法則のもとにあることを」認めているが、しかし他方では「自分の現存を事物の英知的秩序において規定されるべきものとして自覚している」（O 72）。そこで人間は一方では、経験的に条件づけられている有限な存在者として「自己の幸福 Glückseligkeit」を求めてやまないが（O 64f. 参照）、しかし他方では経験的な自然の因果性には拘束されない「徳」あるいは「最上善 das oberste Gut」という無条件的な条件をも求めることになる。「幸福」とは「あらゆる傾向性の満足」(KrVB 834, 他参照)であり、人間が現実世界で到達しうる「満足の総体」にほかならない。これに対し「最上善」とは無条件者だけが到達しうる「徳」、従ってどんなに努力しても有限な人間には絶対に到達しえない「徳」である。つまり「最上善」とは「理性的」であると同時に「有限」でもある人間の対象とはなりえない「善」なのである。そこで、人間からは「幸福」という経験的な条件を取り去ることはできない以上、人間にとって望みうる「全体的で完全な善」は「幸福」と「最上善」とが結びついた「最高善 das höchste Gut」以外には存在しないのである(O 198f.)。

そして感性界に属する「幸福」と感性界を超える「最上善」とは当然のことながら「最高善の要素でありながら種的にまったく異なったもの」(O 203)なのである。この「まったく異なったもの」が結びつけられるためには、つまり「最高善」に達するためには、人間は一方で「無条件的な条件」を求め続けなければならないゆえに無限に進歩する必要があり、そのためには「魂の不死」が要請されざるをえないのである(O 220)。しかしこれは「最高善」に至るための条件にすぎない。さらに、「種的にまったく異なったもの」が結びつかなければならない根拠として「自然の最上の原因」すなわち「神の存在」が要請されることになるのである(O 225f.)。「要請 Postulat」とは「理論的命題ではあるが、それがアプリオリに無制約的に妥当する実践的法則に不可分に結びついている限り、理論的なものとしては証明できない命題」(O 220)である。要するに、実践的な観点からすればそれが客観的実在性を持つものであると必然的に前提せざるをえないのだが、しかしそれを理論的に証明することができないような理念のことなのである。さて以上のようにして、実践理性はアプリオリな「自由」という理念を要石として、「道徳法則」に基づいて「魂の不死」および「神の存在」という二つの理念を要請しうることになり、この三つの「理念」を介して「幸福」と「最上善」とが結びつけられることになるのである。

ところで「義務」としての道徳的行為はどのようにして生じることになるのだろうか？　道徳的行為の「動機」となるのはすべての人間のうちにアプリオリに存在している普遍的な「道徳法則」にほかならない（O 133ff.）。つまり、「道徳法則」はこの「法則」に対する「尊敬の感情」を引き起こし、この「感情」があらゆる傾向性を退けて「道徳法則」と一致するように「意志の格率」を規定するのである。「尊敬の感情」は感情である限り、アポステリオリで経験的なものであるが、「実践論」においてこの「尊敬の感情」こそ唯一アポステリオリな要素であるとともに、「感情」はこのような「尊敬」以外に「実践論」で問題になることはないのである（「感情」は後述するように基本的に「美感的領域」で扱われることになる）。従って道徳的行為が生じるためには「アプリオリな総合判断」が、つまりアプリオリな「道徳法則」とアポステリオリな「尊敬の感情」との結合が必要となるのである。

そこで「実践論」においてもまた、この二つの異なった要素を包摂する図式的な媒介機能が重要な役割を果たすことになる。しかしこの「図式」は「認識論」における「感性的図式」とは根本的に異なっている。なぜなら、ここでは感性界における出来事は問題とならないからである。つまり、ここでは「尊敬の感情」を「純粋な実践的法則」のもとに「包摂する」ことが問題なのだが、カントがここで想定しているのは「感性界における出来事としての行為が可能かどうか」ではなく、ひたすら「法則」のみによって意志を決定する「法則そのものの図式」だからである（O 121）。要するに、感性的世界において実際に「どのような行為がなされるのか」ではなく、「どのように意志の格率を規定するのか」がここでの最大の核心なのである。そして「善」という概念にはそれを具体的に適用する「いかなる直観も、従っていかなる図式も下敷きにすることはできない」（O 122）ゆえに、「道徳法則」のアポステリオリな対象への適用を媒介しうる認識能力は「直観」ではなく、「悟性」以外のなにものでもないことになる。この場合「悟性」は「法則を判断力のための法則として下敷きにすることが」できるが、その「法則」とは「形式にかんする限りにおいて」の「自然法則」にほかならない。つまり「道徳法則」は「自然法則」の厳密さをその形式にかんして「範型《モデル》」としているのである。「自然法則」を「範型」とすることによって、「道徳法則」は「自然法則」の合法則性一般と形式上一致することになるのである。また厳密な「法則」に適うように行為の格率を規定する場合にだけ「義務としての行為」が道徳的な価値を帯びるゆえに、「自然法則」の厳密さが「範型」となりうるのである。要するに、この場合「包摂」を行う実践的な判断力の規則は「汝の意図する行為が、汝自身その一部分であるとされる自然の法則に従って生起するであろうとき、はたしてよく汝はその行為を汝の意志によって可能なものとみなしうるかどうかを自問せよ」（同）というものなのである。そしてこの「判断力」が「道徳法則」のもとに個々人の「尊敬の感情」を包摂する以上、それは実践的ではあるが「感性的図式」の場合と同様「規定的判断力」にほかならないことになる。なぜなら、「道徳法則」という普遍的な「原理・法則」が事実としてすでに与えられており、そのもとに特殊的な「尊敬の感情」が包摂されることによって具体的な諸行為が経験的に構成されるからである。

さて、以上のように「実践論」においても「図式的機能」は重要な役割を果たすことになるが、ここにはもう一つの「図式的機能」が存在する。これを「認識論」の場合と比較してみよう。つまり、「認識論」においては「現象」と「カテゴリー」とを媒介する「感性的図式」のほかに、「感性的図式」の類似物」として、「すべての悟性統一」とそれを包摂する「究極目的［最高善］」とを媒介する三つの理念、すなわち「理性の図式」が想定されていた。「実践論」において、今述べたように「感性的図式」に該当するのは「自然法則」を範型とする「道徳法則の範型」であるが、ここにはさらに「理性の図式」に該当する図式的機能、つまり「道徳法則」と「最高善」とを媒介するより高次の図式的機能が存在するのである。そしてこの図式的機能とは「認識論」の場合と同様「三つの理念」、すなわち「自由」とその条件である「魂の不死」および、「自由」の根拠である「神の存在」という「実践的理念」にほかならない。これらの「理念」は、先に述べたように「幸福」を「最上善」の下に包摂することによって「最高善」を導くと同時に、「最高善」を現実世界において実現するために「道徳法則」をその下に包摂するという「媒介的機能」を果たしているのである。そして、「道徳法則」のもとに「尊敬の感情」を「包摂」する能力が「規定的判断力」であるとすれば、「最高善」のもとに「道徳法則」を「包摂」しうる能力は「反省的判断力」以外にはないであろう。なぜなら、「道徳法則」という普遍的ではあるがしかし各人のうちに「特殊なもの」としてすでに与えられている個々の事実に対して、それらを包摂する「普遍（最高善）」が求められているからである。

ここではさらに「合目的性の原理」が問題となる（「認識論」においても同様なのだが）。それは「合目的性の原理は規定的判断力の原理ではなく、たんに反省的判断力の原理にすぎない」（V 186）からである。またこの問題と関連して——「最高善」が「究極目的」である限りにおいて——最終的に「目的論」が問題となるが、カントは「目的論」を「自然の目的論」と「道徳の目的論」という二つの領域に区分して考察している。前者における「自然」は「認識論」における「機械論的自然」とは異なる「有機的自然」つまり「生命体としての自然」[7]であり、従ってカントは「自然」を二つの観点から考察していることになる。この点にかんして、例えば「機械論的自然」と「有機的自然」とがどのように関係しているのか、「反省的判断力」とその「合目的性の原理」が「自然」とどのようにかかわるのか等々いくつかの問題点を指摘することができる。また実践的領域において、「図式」の役割を果たしている「三つの理念」は厳密には象徴的に機能するものとして、思弁的な「理性の理念」とは明確に峻別されるという点も問題となるだろうし、ここから「実践的図式機能」における「範型」としての機能と「象徴」としての機能とが「感性的図式の機能」とどのように異なるのかという問題点も生じてくるが、これらの諸問題については「第四章」で詳論するつもりである。

## 三節　「批判」から「形而上学」へ

### (1)「実践理性」の優位と「形而上学」の行方

以上のように「批判」の段階を経てカントはいよいよ真の学問である「形而上学」に取り組むことになるが、『自然の形而上学』にかんしてはシュッツ宛書簡（一七八五年九月一三日付）において次のように予告している。「お約束した自然の形而上学に取りかかる前に、そのたんなる適用である……物体の形而上学的原理を……あらかじめ片づけておかなければなりませんでした。私はこれを『自然科学の形而上学的原理』という題名でこの夏に仕上げました」、と。

『自然科学の形而上学的原理』は一七八六年に公刊されたが、しかし『自然の形而上学』はついに公刊されなかったのである。これに対し『人倫の形而上学』は一七九七年に公刊されている（「カント」283–287参照）。こうした事情を考えると、カント自身の中では「自然の形而上学」より「人倫の形而上学」の方が比重が重いように思われる。なぜなら、「純粋思弁理性と純粋実践理性とがある認識にむけて結合する際……この結合が……アプリオリに理性自身に基づき、従って必然的であると前提されるなら、純粋実践理性が優位を占める。……というのも、すべての関心はつまるところ実践的なものであり、思弁理性の関心ですらも制約されてあることをまぬかれず、ただ実践的使用においてのみその完成を見るからである」(O 219) とみなされているからである。

今日このようなカントの考えを理解するのはそれほど困難なことではないだろう。例えば「核」の問題にしても、純粋に「自然科学的な関心」に基づけば現在実際に存在する「核兵器」以上に破壊力のある兵器を製造することはおそらく可能であろう。しかし「人倫的な関心」がこれを許さないのである。これを許せば「人類の滅亡の危機」は不可避となるからである。「環境問題」や「臓器移植」等に対する近年の関心の高まりも同様であろう。「実践理性」は「思弁理性」の独走を許さず、その関心を制約しているのであり、結局のところ理性は「実践的使用においてのみその完成を見る」ことになるのである。カントはすでに『純粋理性批判』においても「どこかに純粋理性の正しい使用というものがあって、その場合にまた純粋理性の規準というものも存在しなければならないとしたら、その規準は思弁的な理性使用にかかわるのではなく、実践的な理性使用にかかわるであろう」(KrVB 825) と明言し、「究極目的は人間の全使命以外のいかなるものでもなく、この人間にかんする哲学は道徳と呼ばれる」(KrVB 868, 強調筆者) と明記しているのである。

しかしカントは『人倫の形而上学』の冒頭で「人倫の形而上学」という体系が『自然科学の形而上学的原理』と対をなす」と述べ、あたかも前者と後者が対応しているかのようにみなしているのである。『自然科学の形而上学的原理』においては「カテゴリーの四つの綱目のもとに、物質一般という普遍的概念のあらゆる規定がおかれなくてはならない」(IV 473) という観点から、明確に「カテゴリー」に基づいた四つの章が展開され、『純粋理性批判』において純粋な概念としてのみ提示されていた「悟性概念《カテゴリー》」に対する具体的な例証がなされている。もしこの著作が『人倫の形而上学』とはっきりとした対をなしているのであれば、『人倫の形而上学』においても、「法的諸原理」の純粋な規定がやはり「カテゴリー」に基づいて展開され、具体的な行為の規定が例証されているはずであろう。『人倫の形而上学』について明言しうることは、それが『人倫の形而上学の基礎づけ』や『実践理性批判』を明らかに継承しているということである。つまり、『人倫の形而上学の基礎づけ』および『実践理性批判』においては個人の精神のうちに「道徳法則」が内在している事実が究明されたわけだが、それを踏まえた上で『人倫の形而上学』ではこの事実が特定の個人に限られるものではなくすべての主観のうちに客観的に内在していることが確認され、その上でこれが公共的な、いわば間主観的な「行為の規定」の問題として展開されているのである。(8) 従って、ここでは主観的な「行為の格率の探求」という準備段階を経て客観的な「個々人の間の行為の規定」がより具体的に示されることになる。そこで、『人倫の形而上学』においても『自然科学の形而上学的原理』と同様に明確な「カテゴリー」の適用が存在するのかどうかを検討してみることにする。

## (2)『人倫の形而上学』「法論」の概要

『人倫の形而上学』は第一部「法論」と第二部「徳論」によって構成されており、両者の関係を簡潔に概観しておけば次のようになる。「法論」も「徳論」も個人に「義務」を課する点で共通しているが、「法」における義務の強制は外的立法であるのに対し、「徳」におけるそれは内的立法である。

つまり、前者において義務の「動機」は問題にならず、結果的に義務に適った行為をなせばよいのに対し、後者においては義務を履行するにあたっての「動機」が最重視されることになる。前者の義務は「完全義務」（当然果たすべき必然的な義務）、後者の義務は「不完全義務」（これに違反したからといって罪過とはならない義務）と呼ばれているが（VI 240）、この異質な二つの領域の共通項となっているのは「理性に適う強制」、すなわち「自由の原理」である。つまり「徳論」は実践理性の領域なので、そこでは「自由」の理念が「要石」となっているわけだが、この「自由」を公共体のうちで実現するための強制的な秩序が「法的自由」なのである。要するに「法の普遍的法則」はこの「法的自由」によって、つまり「汝の選択意志の自由な使用が普遍的法則に従って何人の自由とも両立しうるような仕方で外的に行為せよ」（VI 231）という命法によって規定されているのである。カントは他者の自由を侵害しない限りでの「自由」がすべての人の「自由」を保証しうるという「実践理性の要請」に基づく「自由」を想定しているのである。このように「徳論」も「法論」もともに「自由」を基盤としており、「自由」が両論の「共通項」なのであるが、ここでは「法論」に限定して「カテゴリー」との関係を整理してみよう。

カントが立脚している法はアプリオリな諸原理にのみ基づく「理性の法」であり、これこそがあらゆる人の自由と両立しうるとみなされている。そして「自然状態」における法が「私法」であり、「市民状態」における法が「公法（市民的な法）」である。カントの考えでは、社会はいまだ「自然状態」にあるが、これを「市民状態」へと進展させることによって初めて「普遍的な法関係」が確立することになる。そして法的関係を規定するにあたって、カントは「カテゴリー」を適用していると解釈することができるのである。

「所有」にかんする基盤は「土地」の「所有」におかれているので、第一にこの問題を基本として考えてみるが、この場合まずは大前提として「量のカテゴリー」が適用されているとみなすことができる。なぜなら、(1)「私」や「君」が所有するのか(単一性)、(2)ある「共同体(国家)」が共有するのか(数多性)、それとも(3)「万人」が所有するのか(総体性)、のいずれかが問題となっているからである。さらにここでは「質のカテゴリー」も適用されている。なぜなら、「土地」は所有されているのか(実在性)いないのか(否定性)、あるいは何ものかによって所有されていればそれ以外のものは所有できないのか(制限性)がここでの問題点だからであり、その際「力関係」がその根底に存していることがわかる。

というのも、「私」やある「共同体」が土地を所有する場合に基礎となっているのは、最終的に「万人の意志の合致」や「万人の拘束性」といった「普遍的結合意志」だからである。つまり「私」や「共同体」と「万人」との力関係がここでの問題点なのである。それゆえ「関係のカテゴリー」も適用されていると想定することができるが、その場合「物権」「債権」および「物権的債権(物件に対する仕方で人格に対する権利)」という「土地」以外の要因も考察されることになる。つまり、「土地所有」は第一に「物権」の問題であり、そこには「実体性」が適用されていると解釈しうる。なぜならこの場合「所有者(実体)」と、所有者が変化しうるゆえに「属性」として位置づけられうる

「物件」との関係が問題となるからである。また「債権」は「私の選択意志[9]」と「他人の選択意志」による「行為の規定」であり（VI 271）、この場合どちらかの「選択意志」が「原因」あるいは「結果」とみなされるゆえに、ここでは「因果性」が適用されているとみなすことができるのである。さらに「物権的債権」は（ここには後に触れるように様々な問題点が含まれている）基本的に家族の構成員相互の関係を規定しており、従ってここでは「相互性」が適用されていると解釈しうるのである。

次に「土地」の「取得」にかんしていえば、それは「私法」あるいは「公法」によって規定されることになる。そしてその大前提となっているのが「万人による大地の根源的共有」（VI 267）であり、この権利を保証するのが「許容法則（lex permissiva）」（VI 247）、つまり「およそ私の選択意志のあらゆる外的対象を私のものとして有することは、可能である」という「実践理性の法的要請」（VI 246）である。要するに、この場合「許容法則」とは私がすべての土地を取得することが〈可能的にはありうる〉という「可能的正義の法則（lex iusti）」（VI 267）にほかならない。従ってここでは「様相のカテゴリー」における「可能性」が適用されているとみなすことができる。そしてある土地が実際に何ものかによってすでに占有されている場合（時間において先なるものは、権利において優先的である（VI 259））、この権利を保証するのが「現実的正義の法則（lex iuridica）」（VI 267）であり、ここでは「様相のカテゴリー」の「現実性」が「私法」のもとに適用されていることになる。さらに土地にかんする「分配の法則」が「外的自由の公理に従って、もっぱらただ根源的にかつアプリオリに統合された意志からのみ、従ってただ市民的状態においてのみ」帰結しうる状態にあれば、この権利を保証するのは「分配的正義の法則（lex iustitiae distributivae)」（同）ないし「必然的正義の法則（lex uridica)」（VI 237）であり、ここでは「様相のカテゴリー」の「必然性」が「公法」のもとに適用されていることになる。いうまでもなく「私法」「公法」における上記二つの「正義の法則」も「実践理性の法的要請」にほかならない。そして最後の「必然的正義の法則」には、さらに「公的裁判権」や「国家法」「国際法」が含まれることになるが、以上のように解釈することが可能ならば、カントは『人倫の形而上学』においても、少なくとも「法論」において『自然科学の形而上学的原理』と同様、明確に「カテゴリー」を適用していることになる。

　このような解釈に基づけば、確かに『自然科学の形而上学的原理』と『人倫の形而上学』「法論」の構成は非常に類似しており、両者は対をなしているといえるかもしれない。なぜなら、前者は『純粋理性批判』における、後者は『実践理性批判』における「アプリオリで純粋な概念《カテゴリー》」に対して、その「カテゴリー」を適用することによって具体的な「経験的例証」を提示しているとみなしうるからである。カントははっきりと述べている、「自然の形而上学においては実際、自然一般の普遍的な最上の原則を経験の対象に適用するための原理が存在しなければならないのと同様に、人倫の形而上学も適用の原理を持たないわけにはいかない」（VI 216, 強調筆者）、と。とはいえ結局『自然の形而上学』は公刊されなかった以上明確な結論を提示することはできないのであるが、しかし『自然科学の形而上学的原理』同様『人倫の形而上学』においても、アプリオリな「普遍的な原理《カテゴリー》」とアポステリオリな「経験の対象」とが媒介されうるという点が確認されれば、要するに、「アプリオリな総合判断」の可能性とそこにおける「媒介機能」の存在が確認されればここでは十分であろう。そこで次にもう一人のカントである「観察者」の視点とその一つの中心的問題点である「婚姻」へと考察の対象を変えてみることにしよう。

# 第三章 「観察者＝カント」と「婚姻」をめぐる問題点

「第一章」二節において考察したように、狭義の「観察者の視点」の下では男女の（主に女性の）「性的性格」が観察されたわけだが、この観察に基づいて後に「哲学者の視点」の下で「婚姻権」が規定されることになる。ここではこの「婚姻権」がいかなる経緯でどのように規定されているのか、またカントはそもそも女性の「性的性格」が道徳性とかかわりうるとみなしていたのかどうかを考察することにする。

## 一節　両極化された性とその総合――「自然本性」と「自由」

### (1)「自然本性」に基づく「性の両極化」

カントは初期段階から当時一般化していた「性の両極化」に基づく所感を諸著作において公表して

いる。『美と崇高』では「美しい悟性は……抽象的な思弁や……知識を……深い悟性に委ねる」、さらに「婦人の大いなる学問の内容はむしろ人間であり、人間のうちでも男性である。彼女の哲学は推理することではなく、感覚することである」（II 230）と、女性の悟性が男性のそれに比して非学問的である点が強調されている。また『視霊者の夢』では「一般に女性は特にそうなのだが、占いや夢解釈やその他のあらゆる不思議な事物の物語を信用する傾向がある」（II 355）と、男性に比べて迷信に陥りやすい女性の傾向性が主張されている。女性にかんして実際にこうした性格が観察されるにしても、このような表現の力点は、女性の唯一の後見人である男性に保護される以外に、女性は生活するすべを持たないという「性の両極化」に基づく男性による女性支配の正当化にあるといえる。(10)

とはいえこのような「公的」な主張は決してカント自身において一貫したものではない。つまり、『覚え書き』においては「妻はいつも支配したがっていて、夫は自分の妻を優先する、なぜなら夫は支配されたがっており、しかもそうした気持ちから結婚しているからである」（XX 69）、あるいは「男性はよい結婚の場合には意志と意見とが一致し、不一致の場合には女性と対立して女性より劣る、という違いがある」（XX 189）、さらには「彼女らは夫を第一に空虚で御しやすく、愚かなものだとみており……夫婦関係においては、総じて妻は価値ある夫をも現に支配している」（XX 190）というように、逆に結婚生活における妻の夫支配の様子が「私的」に記されているのである。ただし、私的見解は必ずしも女性優位とはかぎらず、「種の保存は女性が役立つ唯一のことである」（XX 53）、あるいは「女性の最大の完全性は家事である」（XX 87）などと、女性の能力をもっぱら「生殖」や「家事」に限定しようとする、当時一般に流布していた考え方も散見する。また「女性が実際に働けば、女性にとってもっと良いだろう」（XX 54）と、女性の置かれている現状を社会的条件下に質している視点さえもみえる。このように「性の両極化」にかんする見解は「公－私」において矛盾しているが、このような矛盾はそもそも「性的性格」を基礎づけている「自然本性」についての観点が定まっていないからなのである。

つまり、先に引用した「種の保存」の例は明らかに女性の性的性格を「自然本性」によって規定するものであり、なによりも女性の「美しい悟性」や「美しい徳」という性質と男性の「深い悟性」や「高貴な徳」という性質の区分も、両性の「自然本性」にしかその根拠を求められないのである。また後期においても『人倫の形而上学』では「家の共同体の利益をはかる上で夫の能力の妻の能力に対する自然的優越」が根拠となって夫の妻に対する「命令権」が正当化されているのである（VI 279, 強調筆者）。さらに『人間学』では法廷において自分や夫を弁護する女性の弁舌を例としながら、女性は「女という自然からして弁才がものをいう」（VII 209, 強調筆者）とみなされているのである。そもそも「性格」に対して、カントは「人間主観が自分自身の理性によって自分に変わることなく命じた一定の実践原理に己自身を義務づけるときの、そのように方向づける意志の性質」（同 292）と規定しているが、この「性格」の規定は明らかに男性のものであり女性の「性的性格」には該当せず、この区分もまた「自然本性」を根拠にする以外にはなしえないものである。「自然とは原則的に」それに従って判断されるべき「関係点そのものである」と仮定されている（XV/2 794,「ヤウヒ」239 参照)。このような例を枚挙してみると、初期から後期に至るまでカントはルソーの影響下に基本的に「自然本性」を根拠に男女の性的性格を規定しているとみなすことができるのである。

しかしカントには「自然本性」を信頼していない面もみられる。それどころかルソーの「自然観」を批判さえしているのである。例えば『覚え書き』では「ルソーは……自然人から出発する。私は……文明化した人間から始める」(XX 14) とルソーの方法に対峙し、「私は人間が決して動かすことのできない自然の固定点をどこに見出すのか?」(XX 46) と反問しているのである。つまり、「自然人」なるものは遙か以前に人間がそうであったと憶測される〈想像上の状態〉にすぎないゆえに、「自然の根源状態は不確かで知りえない」(XX 47f.) ことになる。それにもかかわらずこれを根拠にしているルソーに対し、カントは確実に観察しうる「文明化した人間」を起点にしているのである。また「婦人は決して大きな子供以上のものにならないとルソーは非常に大胆に主張したが、私は、このことをどの程度であれ、言わないでいて欲しかったと思う」(II 247注) と、『美と崇高』においてもルソーをそれとなく批判しているのである (ただし『覚え書き』では女性について「悟性にかんしては相当に子供である」(XX 115) と記されてもいる)。さらに、ルソーを離れても男性の「自然本性」に対して疑問が付されている。「男性は自然からして優れているわけでも、養育したり保護すべく義務づけられているわけでもない」[11] (XIX 465)、と。

このようにみてくるとカントの「自然本性」に対する視点は決して定まってはおらず、矛盾さえしていることがわかる。そのためにそれを根拠としている「性的性格」についての観点も定まらず、基本的には「公－私」において分裂することになるのである。しかし矛盾しているとはいえ、カントが「性的性格」に基づいて「性の両極化」を企てていることは確かである。ではこのように「自然本性」からしてアプリオリに性的に両極化されているとみなされた男女は、どのように関係づけられているのだろうか？

## (2)「自由」を媒介とする男女関係の可能性

公刊された著作の中で、カントが女性に対する現実社会の不当な扱いを公然と弾劾しているのは『啓蒙とは何か』（一七八四年）である。「啓蒙」とは「人間が自ら招いた未成年状態から抜け出ること」であり、「他人の指導なしに自分の悟性を用いる能力」を持っていることである（Ⅷ 35）。これまで考察してきたように、カントは少なくとも公刊された著作の中では女性を男性の支配下におき、男性悟性の後見なしには生活することさえおぼつかない存在とみなしていた。しかしここでは違っている。「後見人達は……大半の人間（ここには女性のすべてが含まれる）が成年状態への歩みは困難であるだけでなくたいへん危険でもあると考えさせるようにさせている」（同、強調筆者）とみなされているのである。つまり、「女性」は他人の指導なしに自分の悟性を用いて未成年状態から抜け出しうる能力を持っているにもかかわらず、おせっかいな「後見人達」が成年状態への歩みが困難で危険なものであると「考えさせるようにさせている」のである。さらに「後見人はまず自分の家畜を愚鈍にしておいて、このおとなしい生き物が押し込められている歩行車からあえて一歩も出ないよう注意深く防止している。その後で、それらが一人で歩こうとするときになると、危険が襲ってくると教えている」（同）のである。ここでの「後見人」は「将校」「収税顧問官」「聖職者」、あるいは「この世で一人の支配者」（Ⅷ 37）を意味しているが、ここでの「家畜」という表現は『人間学』において女性を「家畜」とみなしたあの箇所を思い起こさせないわけにはいかないだろう（Ⅶ 304 参照）。従って「家畜」つまり「おとなしい生き物」とは――民衆一般を意味しているのかもしれないが――おそらく「女性」をイメージした表現なのだろう。「未成年状態」を脱しうる「悟性能力」があるにもかかわらず、女性は後見人達によって「家畜」とみなされ、「歩行車」に押し込められたまま「成年状態」への歩みを阻止されている、とカントはここで社会の現状を弾劾しているのである。こうしてカントは啓蒙の実現を要求することになるが、啓蒙を実現するために要求されるのは「自由以外の何ものでもない」（同 36）ゆえに、カントはここで「自由」を媒介とする「平等な人間関係」を想定しているのであり、この「関係」には男女の関係も含まれているとみなすことができるのである。この「自由」を「啓蒙的自由」と呼ぶことにしよう。

『啓蒙とは何か』における視点が「哲学者の視点」であるとも、また「観察者の視点」であるともいえないのはここでは現実の「政治的時事問題」が直接扱われているからである。その意味でこの視点はいわば「ジャーナリストの視点」であるといえよう。そしてこの視点は先に『人倫の形而上学』においてみたような、「自由」にかんする「法論」の場合の規定とは明らかに異なっているのである。なぜなら、「法論」における「自由」は「他人の自由を侵害しない限りにおいてすべての人の自由を保証する」平等原理の「要」であり、従って「外的自由」が問題なっているのに対し、『啓蒙とは何か』においては「内的自由」が問題になっているからである。要するに、カントは「成年状態」を二通りに規定しているのである。一方は「法的規定」であり、これは年令による「外的成人」とその「外的自由」の規定である。もう一方は「啓蒙的規定」であり、これは年令とは無関係な自己自身に対する規定としての「内的成人」とその「内的自由」の規定である。そこで、「自由」が「平等な男女関係」における「媒介機能」でありうるためには、「外的規定」と「内的規定」とが一致していなければならないことになる。

しかしこのような「一致」は不可能である。なぜなら「啓蒙的自由」においては男女が平等でありうる可能性を示しているのに対し、「法的自由」の下では「すべての人の自由を保障する」と宣言しながらも、実際には「すべての婦人、そしておしなべて……自分以外の人々の指図に従うことによって自分の生存（扶養と保護）を維持せざるをえない者は誰であれ」自立した「能動的国民」とはみなされていないからである（VI 314, 強調筆者）。「法論」の下で「女性」は「人間」としての、自立した「能動的国民」としての権利を認められていないのである。この規定が「外的自由」であるゆえにそれは「啓蒙的自由」と矛盾しているだけではなく、この規定の下で女性は生涯「未成年状態」のままであり、男性の後見下に「自分以外の人々の指図に従って」その「自由」を剥奪され続けることになる。これは「反啓蒙的」規定であり、この意味でも「啓蒙的自由」と矛盾していることになる。

このような「法的自由」を提示する以前に、カントは「平等な原理」に基づいた男女の関係を「道徳的自由」の下で考察しようと試みている。それは『啓蒙とは何か』公刊以前の一七七五年から八〇年にかけての倫理学にかんする講義遺稿である『メンツァー倫理学』の二つの章で（§28「自分自身に対する義務について」および§39「性的傾向性からみた身体に対する義務について」）試みられているが、これによって「性倫理学」にかんするカントの省察を知ることができる。[12] ここでカントはどのような条件下で「道徳性」が「性の能力の使用」と一致しうるかを問題にするわけだが、その基本的な観点は「物件」のように「自由意志を持たないもの」に対しては、その物件を「手段」として扱うことができるが、しかし「人格」のように「自由意志を持つもの」に対してはその人格を「手段」としてはならず「目的そのもの」として扱わねばならないという点にある。要するに「定言命法－第二定式」が基盤となっているのである。そしてカントが他人への義務の遵守において大前提としているのは、何よりもまず「自分自身に対する義務」を徹底して履行することである。つまり、「性現象」の場合、「性的傾向性」において人は「自分」を「享受の対象」とし「物件とする」（「メンツァー」155）が、この場合「自由」は「最も恐るべき悪徳の根拠」である。しかしもう一方で、道徳性に基づく「自由」は「徳の根拠」である。従って「自由」にかんして人間は「自分の中に自分の行為の根拠を二つ持っている」ことになり、それが「傾向性」と「人間性」である。そして「法の理論が我々の自由を他人に対する態度にかんして制限する」（外的自由）のと同様に、「人間性」という「我々自身に対する義務は我々の自由を我々自身にかんして制限する」（内的自由）ことになる（同）。それゆえ「我々自身に対する義務」を「他人」に対しても同様に課するところに「性現象」における道徳的な義務の可能性が存在することになるのである。要するにカントはここで先の二つの「自由の規定」を問題にし、「内的自由」の下に「外的自由」を包摂するよう提言しているのである。『メンツァー倫理学』の内容をさらに続けてみよう。「性現象」の場合、「性的傾向性」によって「人間」は「自分を享受の対象」とするばかりでなく、「他人を享受の対象」ともなしうるのであるが、自分にせよ他人にせよ、「人間を享受の対象とすること」は道徳性を伴う「人間愛」とは相容れないことになる（「メンツァー」204f.）。この場合「人間愛」とは結局のところ他人の「全人格」を受け入れることであり、このような「人間愛」を伴わない「性現象」は「自分自身に対する義務」とも「他人に対する義務」とも相容れないことになる。そしてこのように「性現象」を「義務」との関係で捉えるとき、「性の関係」は「たんなる観察の対象」としてではなくようやく「倫理学的考察の対象」としての輪郭をうることになり、ここに「性現象」と「道徳性」とを一致させようとする性倫理学的な考察が開始されることになるのである。従ってここでは「性現象」を対象とする「観察者の視点」と「道徳性」を対象とする「哲学者の視点」とが交差し始め、「自由」ないし「人間愛」を媒介として後者の下への前者の包摂という仕方で両者の総合が試みられていることにもなる。

これに類似した考察は初期の『美と崇高』においても確認することができ、そこでは「性的傾向性」と「洗練された趣味」との宥和が提言されている。つまり、「性的傾向性」は「単純で粗野な感情」であり、「放蕩と放縦に変質しやすい」のに対し、「洗練された趣味」はこの傾向性を「行儀良く上品に」する。しかし前者が「まっすぐに自然の大いなる目的へと導く」のに対し、後者は「自然の大いなる究極目的を外すことになる」。そこで前者の「感情をできる限り洗練」し、後者の「趣味を単純なままに保つよう提案」されているのである（II 238f.）。ただしこれはたんなる「観察者の視点」の提言であり、いまだ性倫理学的輪郭は与えられてはいないのである。『メンツァー倫理学』において始めて次のように性倫理学のための綱領が明確に示されることになるのである。「従ってただそのもとでのみ性的能力の使用が道徳性と一致する、そのような諸条件が可能でなければならない。我々の傾向性にかんして、自分の自由が道徳性と一致するように我々の自由を制限する根拠が存在しなければならない」（「メンツァー」207）、と。そしてカントはこの「根拠」を「相互性」に求めているのである。「相互性」とは、「私が他の人格に私の全人格に対するまさにそのような権利を与えることによって、すなわちただ結婚においてのみ生じる」（「メンツァー」210）相互性である。つまり、相互に自分の全人格を相手に委託する（自分を放棄する）と同時に相手の全人格を占領する（自分を取り戻す）という「相互性」のうえに「傾向性と道徳性との一致」としての「結婚」が可能になる、とカントはみなしているのである。この場合二人の人格は「相互に自分の全人格を他方に完全に委託するという条件に同意する」ことによって、「相互に平等な権利を回復」し、「相互に他人の全人格に対する完全な権利を手に入れる」ことになる（同）。従ってここでは完全に「平等な男女関係」が想定されているのである。

しかしこの解決の仕方は「法論」における「自由」を想起させないだろうか？　なぜなら、いずれの場合も自らの権限を制約することによって他人との調停を計っており、従って「外的自由」だけが問題となっていると思えるからである。そうだとすればこのような制約は「法的規定」に限定されることになろう。なぜなら、道徳上の「自由」は「道徳法則」以外のいかなるものにも制約されず、従って他人に制約されるなどということはありえないからである。例えば「定言命法－第二定式」の場合、「自分」や「他人」を手段として扱うことは不可能であり、従っていかなる仕方においても「自分の人格を放棄する」などということは許容されえないからである。「相互性」において自分の「全人格」を放棄するということは、まさに他人に制約されていることを意味している。それゆえここでの「自由」は「法的自由」に限定され、本来の「自由意志」とは矛盾することになる。しかも――先に明らかにしたように――「法的自由」において男女は「平等」ではなく、女性は男性の「指図」に従わざるをえないのである。この意味で、「相互性における自由」はカントにおいて完全に座礁しているといわなければならないであろう。

「自由」にかんしてここで整理しておくと、「内的自由」は二種類登場している。一つは「啓蒙的自由」であり、これは男女を含めたすべての人の平等を前提にした「自由」である。もう一つは「道徳的自由」であり、これは「道徳法則」にのみ制約され、男性にだけ認められる「意志の自由」である。また「外的自由」も二種類登場し、一つは「相互性における自由」であり、特に男女間の平等を前提にした「自由」である。もう一つは「法的自由」であり、この場合女性は「自由」から排除され、男性であっても「能動的市民」と認められた者だけに許されるのがこの「自由」である。従って「男女の平等な総合」にかかわるのは「啓蒙的自由」と「相互性における自由」であるが、後者が完全に座礁している以上、「自由」を媒介とする平等な男女関係の可能性は「啓蒙的自由」に限定されることになる。

しかしこの「自由」が哲学的に規定されることはなく、カントにおいては結局、大きな問題点とはなりえなかったのである。また確かにカントは「相互性」において「哲学者の視点」に基づきながら「道徳的自由」を媒介とした男女の完全なる「平等な関係」を提唱し、この「平等性の原理」によって「傾向性と道徳性との一致」を計ったのではあるが、しかしこの試みも、先に考察したように、明らかに成立しえないとみなさざるをえないのである。とはいえ少なくとも「法的自由」の下で――この場合女性は「自由」から排除され、男女は平等な状態に置かれていないとしても――男女は「結婚」という形態において「総合」されうることになる。なぜなら女性は、たとえ後見されているとしても、それでも『人間学』という「観察者の視点」においては「結婚」においてのみ「自由」を獲得するとみなされているからである（VII 309）。この観察者における「自由」を獲得すれば、「法的規定」の下であっても、それを媒介として男女は総合されうるのではないだろうか？

## 二節　「アプリオリな総合」としての「結婚」の可能性

カントは「婚姻」を最終的に（「第二章」三節（2）参照）、「法論」における「物権的債権（物件に対する仕方で人格に対する権利）」の中の一項である「婚姻権」として規定している（VI 277）。しかしカントが提起した様々な問題の中でも、この「物権的債権」ほど評判の悪いものはない。なぜなら「物権的債権」に基づく「結婚」は「夫が妻を取得」することによって、「一人の人間が他の人間の性器と能力を相互に使用し合う」(同) ことであり、「一方の人格が他方の人格によってあたかも物件のように取得されながら、この他方を反対にまたもう一方が取得するということである。というのも、このようにして取得される方は自分自身を取り戻し、自分を再び人格とするからである」(VI 278) と規定されているからである。この露骨な規定には『メンツァー倫理学』における努力が生かされているようにも思えるが、しかしここでは『メンツァー倫理学』における平等の思想は消え、女性は半ば「物件」として扱われているようにみえる。

ただ注意して読んでみると――文言上のことにすぎないのかもしれないが――ここには確かに「人格」や「人間性の法則」に基づく「道徳的規定」や「平等な関係」が盛り込まれてもいるのである。つまり、「婚姻」は「性を異にする二人格が互いの性的特性を生涯にわたって互いに占有し合うための結合」(VI 277) であり、「人間性の法則に従った必然的な契約」、さらに「純粋理性の法的諸法則に従った」必然的契約であると規定されているのである (同)。また「婚姻関係は占有において平等な関係」であり、平等であるためには「一夫一婦制」でなければならないとみなされ、また「財産の面でも平等であり……その一部の使用を放棄する権限が双方にある」(VI 277f.) と規定されてもいるのである。しかもカントは先の規定とは矛盾して「契約」という法的性質を否定し、「妻あるいは夫の取得は……契約によるのではなく、もっぱら法則による」(VI 280) とさえみなしているのである。

確かに「夫の能力」には「妻の能力」に対する「自然的優位とこれに基づく命令権」があり、それが「人間の自然的平等」（VI 279）であると規定するなど、明らかに女性蔑視的表現も見られるが、しかしその反面で「婚姻」が法則的・道徳的にも規定され、それによって男女の平等な関係を保証しようとする努力もなされてはいるのである。要するにここには「婚姻」にかんする矛盾した諸規定が共存しているのである。

周知のようにこの「婚姻権」はヘーゲルによってたんなる形式的な「市民的契約」であり、「粗野な」ものにすぎないと厳しく非難されたし、[13] またヤウヒによって逆に、これは当時の州法で実施されていた現行の「市民的婚姻権」の姿を暴露するものであって、カント自身の考えを反映するものではないと擁護されてもいる（「ヤウヒ」232-3）。しかし「物権的債権」はまさにカントの基本的方法によって導出された権利であるとみなすべきであろう。つまり、先に触れたように、「取得」にかんしてカントはまず「物権」を問題とし、次に「債権（人権）」を問題としていた。そして「法概念の完全性を保証するために」（VI 357）、さらに「区分の総合的形式に従って概念に開かれた場所」すなわち「アプリオリな区分の分枝」として、「債権的物件」と「物権的債権」とを想定しているのである。そして前者を矛盾しているとして除外してから、後者を「あらゆる場合に人格を物件と同様の仕方で扱うわけではないが、しかし人格を占有し、多くの関係において人格を物件として処理する」必然的な概念であるとみなし、この権利を正当化しているのである。これはまさに「認識論」において「アプリオリな総合判断」を導出したのと同じやり方であろう。なぜなら、「合理論」という「アプリオリな分析判断」と「経験論」という「アポステリオリな総合判断」の二種の判断が存在する場合、各々の二つの要素、つまり「アプリオリ」と「アポステリオリ」、「分析判断」と「総合判断」とを相互に組み合わせることによって必然的に「アポステリオリな分析判断」と「アプリオリな総合判断」の可能性が導出されるが、カントは前者を矛盾しているとして除外してから、後者を「ニュートン力学（「数学的／自然科学」）」という現存する判断であると正当化しているからである。従って「物権的債権」はカントにとって法概念を完全にするための「アプリオリで必然的な法概念」であり、公法の下での契約に基づいて法哲学的に規定されるべき必然的な権利以外のなにものでもないのである。

「物権的債権」という法的規定は——当時の観点からみて、まして今日の観点からすれば——いかにも奇妙な規定であるが、しかしカントはこの「物権的債権」によって、アプリオリな法則に基づく「道徳的規定」を根拠としながら、その「アプリオリな区分」に従った「法的規定」の下での「結婚」の可能性を企てているのである。カントは初期の段階から「一緒になった夫婦は……いわばただ一人の道徳的人格をなすべきである」（II 242）という見解を抱いていたが、「物権的債権」の場合、先に述べた「結婚によって獲得される女性の自由」を媒介とすれば、生まれつき「アプリオリに」質の異なっている「二つの性」が「一人の人格に総合された夫婦」とはならないだろうか？　さらに、これによって「性差」が解消され、「道徳性と一致する性現象」が可能とはならないだろうか？　仮にもしこのような「総合」が可能であるとするなら、「結婚」は「アプリオリな総合」とみなされ——「男女間の平等」は実現しないまでも——ここでは人間の「内なる自然」と「内なる自由」との媒介も想定されていることになろう。なぜなら、「性現象」は性的傾向性という人間における「自然本性」の問題であり、「道徳性」は人間における「自由意志」の問題だからである。しかしながら、残念なことに「観察者の視点」の下で「結婚」によって「自由」を獲得するのは女性だけであり、「男性は結婚したとたんに自由を失う」（Ⅶ 309）ことになるのである。従ってここでは「自由」は媒介機能を果たすことはできないのである。しかも、先にみたように、カントにおいては「自由」にかんする「道徳的規定」と「法的規定」とはあくまでも矛盾しており、また「婚姻権」にかんする諸規定も矛盾したものであった。従って上記の「総合」も「性現象と道徳性との一致」も基本的に不可能であるとみなさざるをえないだろう。しかし矛盾し成功しているとはいいがたいにしても、「性現象」という「観察者」の対象と「道徳性」という「哲学者」の対象との媒介が構想されているという意味では、『人倫の形而上学』という純粋な「哲学者の視点」に基づいて著されているとみなされた著書においても、実は「哲学者の視点」の下へ「観察者の視点」を包摂しようとするカントの姿勢が垣間見えるのである。そしてこのような「性倫理学的試み」の萌芽は、先に指摘したように、『メンツァー倫理学』以来のものなのである。

さて、「物権的債権」は「法的規定」であり、従ってそこでは基本的に女性は男性の後見下にある。「哲学者の視点」の下で女性は道徳的な「性格」を所有してはいないとみなされているからである。しかし真に「二人で一人の人格」が可能であるためには女性も道徳化されている必要があろう。「道徳的性格」という共通項によって初めて二人の人格は「一人の人格」へと生成することが可能なはずだからである。そしてその場合にのみ「哲学者の視点」の下への「観察者の視点」の包摂の可能性も開かれてくるように思われるのである。とはいえ、少なくとも批判期までに公刊された著作のほとんどすべてにおいて道徳性を否定されている女性に、はたしてカントは道徳性が備わっているとみなしていたのだろうか？

## 三節　女性の「道徳的性質」

### (1)「社交性」と「趣味」、あるいは「人倫化の契機」

初期段階において、「観察者＝カント」は女性の「美しい徳」が「同情と愛想の良さ」という「美しい行為」の根拠であり、それが「真の徳との大きな類似性」を示しているとみなしている。本来こうした「美しい行為」は傾向性に基づくものであり、「真の徳」からは排除されるはずである。それにもかかわらず「真の徳」との類似性を示すとみなされているのは、それが「善良な心」に基づいて「和やかで典雅な……交際」を可能にしてくれるからである（II 218）。同様に「名誉への感情」と、「羞恥」という傾向性に基づく感情によって引き起こされる「徳に類似したもの」は「徳の虚飾」（同）と呼ばれ、それらが他人との社交的関係においては不可欠であるともみなされている。なぜなら、カント自身真の徳は「大衆レベル」では当分不可能なので「男性の場合でも真の徳はほとんどみられない」ことを認めており、「真の徳」よりも「徳の虚飾」を選択した方が社会的によい結果が得られるとみなしているからである（「ヤウヒ」一一六頁参照）。さらに『覚え書き』でも「社交生活を盛んにしようとすれば、趣味を広げなくてはならない。なぜなら、社交の楽しみは快適であるにちがいないが、原則は苦しいからである。婦人達の間ではこのような趣味は最も軽快である」（XX 51）と、「女性の趣味」すなわち「社交性」の長所が推奨されている。このように、女性に対して倫理学的規定がいまだ曖昧であった段階で女性の性質とみなされていた「社交性」ないし「趣味」は、なるほど「真の徳」と認められてはいないが、しかし「徳に類似したもの」として女性の道徳的性質に数え上げられているのである。

これに対し後の著作においては大分事情が異なっている。例えば『人間の歴史の憶測的始元』（一七八六年）では「人間は……種の増殖のために夫婦になっていなければならない」が、それは「社交性のための最善の配剤」であり、「相異なる血統を設けた」自然による「人間の使命の最大の目的である社交性のための」最適な措置とみなされているからである。ここでは「社交性」は、自然が「夫婦」としての人間に対して配剤した「人間の使命の最大の目的」に昇格しているのである。「夫婦」となって種を増殖し、それによって「究極目的」へと到達するためには、人間同士を円滑に関係づけることのできる「社交性」が最も重要な機能を果たすとみなされているのである。さらに『判断力批判』においても「社交性」は「社会に対する有能性と性癖」とみなされ、「趣味」とともに「人間性に属する特性」と規定されており（V 297）、「社交性」と「趣味」は道徳的な「人間性」へと昇格しているのである。この場合「趣味」は「人が自分の感情すらも他のあらゆる人に伝達できるようなすべてのものの判定能力」とみなされ、人間同士をその感情においてさえ関係づける能力とみなされているのである。要するに、「社交性」も「趣味」も初期段階では女性の性質とみなされていたのに対し、後になって「夫婦の特質」として道徳的にきわめて重要な意味を担うようになっているのである。「夫婦」として「一人の人格」を獲得した場合、女性的な特質がこの「一人の人格」の特質となり道徳的に最重視されるようになったのである。[14] なぜなのか？

一つには「徳の虚飾」としての「道徳的仮象」に対する評価が変化しているからである。人間は「気が合うふり、相手を尊敬するふり、おしとやかなふり」を文明化とともに身につけるが、「世の中がそうなっていることはとても好都合」でもある。なぜならそれによって「誰も欺かれることがない」からであり、「長い間ずっと人間はただ徳があるふりを技巧的にしていただけだったのが、こうした役所を演じているうちに最後にはその徳が何と次第に本物へと生まれ変わるからであり、つまり徳が真情へと変じる」（Ⅶ151）からである。また「親切や尊敬も、初めは空々しいお義理にすぎなくても時の経過とともに本当にそうした真情に導くから」（Ⅶ152）であり、人間関係における社交的な徳は「すべて補助貨幣」にすぎないが、しかし「最後には補助貨幣は純金と交換できる」（同）からである。要するに、「観察者の視点」の下では男性を含めほとんどの人間において認められない「真の徳」よりも、いつの日にか「本物の徳」になりうる「徳の虚飾」を頼りにするほうが確実性と現実性とを得ることができるゆえに、女性的な特質が最重視されるようになったとみなすことができるのである。そしてここから当然帰着することであるが、女性にはさらに――おそらくその最も重要な性質として――「男性を人倫化する契機」が備わっているとみなされてもいるのである。

『覚え書き』には次のように記されている。「婦人は有徳であるよりむしろ、男性を有徳にする能力がある」し、「婦人は徳を磨く砥石である」(XX 109)、と。また晩年の講義ノートにも同じような内容が記されている。女性は男性を「文明化する」(XV/2 797) し、人倫と徳は「女性の仕事である」(XV/2 796)、と。このような「人倫化の契機」は確かに公表されたものではないが、しかし次節で述べるように、「自然の摂理」が「女性を設けた目的」に言及する場合、「観察者＝カント」がこのような見解を確信していることが明らかになるのである。

## (2)「自然」が女性を設けた「目的」

カントは「両有機界におけるすべての受精が種族保存のために両性を必要とするという自然の仕組みが私にとっては常に一つの驚嘆であり、また人間理性に対する思考の深淵のように思われます。なぜならば……摂理はこれ以上ではありえないと信ずべき理由を持つからです」(XII 11, 一七九五年シラー宛書簡)と記している。そしてこのような見解に基づいて『人間学』の中では、「女性の性格を特徴づける際の原理としては、人間が自ら立てる目的ではなく、女性を設けたときの自然の目的だったものを用いるべきである」(VII 305) と想定した上で「推定される女性の目的」を二つ挙げている。「(一) 種を保存する、(二) 女性が社会に文化をもたらし社会を洗練する」(同)、と。(一) だけを女性の役割とみなしていた初期の見解（XX 35 参照）と比べてみると、ここでは二番目に「人倫化の契機」が加えられており、女性はもはやたんなる「生殖機能」に限定された存在などではなくなっていることがわかる。「自然が人類に……人間関係を円滑に進めるという感覚をもたらしたいと望んだので、女性を男性の支配者」（VII 306）としたのである。要するに、個々人の関係を超えて、「類」としての人間を問題にする場合、女性の「社交性」および「人倫化の契機」は明らかに「男性を支配する原理」とみなされているのである。なぜなら「人類」という観点からすれば「自然は女性の胎内に自然の最も高価な担保を、すなわち種を」（同）委ねたからである。女性は自然によって「お気に入りとして「受け入れられた」（XV/2 797）のであり、「自然の保管人」（同）とみなされているのである。

そしてこのようにみなされている「女性」は男性に優る機能を発揮しうることになる。この「機能」は『美と崇高』において想定されていた女性特有の「道徳的共感」ないしは「道徳感情」（II 218）という曖昧なものではなく、確実に幾世代にもわたって種を保存し、そのようにしてのみ「究極目的」へと到達するであろう人類のための必要不可欠な条件なのである。実際、カントは男性よりも優れている女性の例として「カナダの野生人（イロコイ族）」をあげている（II 255）。そこでは女性達が「実際に命令し……集会を開き、国民の最重要の指令について、戦争と平和について審議する」ことによって「大きな実際の信頼を得ている」とみなされているのであるが、この点で「イロコイ族」は「我々文明化した地域すら凌駕している」（同）のである。これは初期の見解であるが、カントには無意識的に女性が男性以上に優れた能力を持っていることを認めたり、摂理としての「自然」を「母」とみなすことがある。例えば『視霊者の夢』では「本物の知恵」を「素朴さの侍女」とみなし、その場合「博識で武装することは必要ない」(II 372)と男性の学問的虚栄心を揶揄《やゆ》している。また『憶測的始元』では「自然という母の懐」(VIII 114)と表現し、『判断力批判』では「われは現存するもの、現存したもの、そして現存するであろうもののすべてである」という「イシス(母なる自然)の神殿に掲げられた銘文」以上に崇高な文言はないと「母なる」自然を賞賛しているのである(V 316注)。さらに別の著作では、「ヴェールを被った女神は、我々の内なる無償の尊厳を持った道徳法則」であると明言し、「論理的方法によって判明な概念」とみなされた「道徳法則」を「女神」になぞらえてさえいるのである(VIII 405, 強調筆者)。

啓蒙初期と違って、カントの時代には女性蔑視的な観点から「女性の傾向性」や「男性による女性の後見」が当然のこととして一般化しつつあったわけだが(これまで述べてきたようにカントにももちろんその傾向は認められるが、しかしそれは当時の脈絡からすれば穏やかな方である)、カントは男性の「傾向性」についてもしばしば言及しているのである。初期においては「異性を享受物に数え入れる限りでしか愛さない男性」(II 208)の傾向性が批判され、後期においても「結婚にかんして自由思想を貫徹する場合には……女性が男性の性欲を満足させるたんなる手段に貶められる」(VII 309)であるとか、「ある男性にとって女性における人間性はどうでもよく、ただ性だけが彼の傾向性の対象なのである」(「メンツァー」385)などと、男性の性的傾向性が俎上にのせられているのである。「性的後見」についても女性についてだけではなく、「後見される男性」にかんする例も指摘されている。『人間学』では「学者は家事全般については通常妻に任せきりで、自分は喜んで未成育状態に甘んじているものである。本に埋もれていたどこかの学者は、召使いが駆け込んできて、どこそこの部屋が火事ですと叫んだとき、〈そういうことは家内の仕事だということぐらいお前も知っているだろうに〉と返事したそうだ」(Ⅶ210)と、家庭内では完全に妻によって後見されている男性の例が報告されている。さらに聴罪師に自らの公務執行権を委ね、彼を自分の後見人に指定したフィリップ四世の「未成年状態」や(「ヤウヒ」174-5)、常におべっかを使われ、ついには異議を唱えられるよりも欺かれることの方を好むようになった「王子」の「子供状態」も「講義ノート」等に記されているのである(「ヤウヒ」184)。

以上のような狭義の「観察者の視点」に基づく考察をトータルに判断してみると、カントには明らかに女性の道徳的性質を――場合によっては男性以上に――認める側面があることがわかる。それだからこそ初期の段階から「夫婦二人で一人の人格」が主張され、後には「アプリオリな総合」としての「結婚」が「性現象」を道徳化しうる唯一可能なモデルケースとして構想されているのである。確かにカントは「哲学者」の「厳密な視点」に基づいてこの問題を基礎づけることはできなかった。なぜなら、「哲学者の視点」の下では最後まで女性に道徳性は認められなかったからであるが、しかし「観察者の視点」においてはこれが可能なのである。「女性の道徳性」は明らかにケーニヒスベルグ大学における「人間学講義」の成果であるといえるだろう。ではカントがその哲学体系を完成しようと試みている『判断力批判』において、この二つの視点はどのように扱われているのだろうか？

# 第四章　『判断力批判』――カント体系の最終的総合

## 一節　問題点の整理

これまで「哲学者＝カント」と「観察者＝カント」の視点を考察してきたが、前者の観点からみれば『判断力批判』は「自然」と「自由」の総合という「哲学体系」における最終的課題を果たすべき著作である。しかし『第一批判』と『第二批判』とが真の学問である「形而上学」を基礎づける予備段階に位置しているのに対し、『第三批判』に呼応する「形而上学」は存在しない（KrVB 860参照）。それは、順次考察することになるが、一つには「反省的判断力」の「アプリオリな原理」が――「快－不快の感情」にかんしては「構成的」であるにしても（V 196）――最終的に「究極目的」にかんしては「統制的」にとどまるからである。そしてもう一つ仮定しうるのは、『第三批判』においては「哲学者の視点」と「観察者の視点」とが交差しているからではないかという点である。つまりここでは純粋な「哲学者の視点」を超える問題が論じられているゆえに、これに呼応する「形而上学」は存在しえないとみなすことができるのである。しかしそのおかげで「自然」と「自由」、「哲学者」と「観察者」とを総合する可能性が開かれているとみなしうるのである。そこで――「自然」と「自由」の総合はもとより――「哲学者」と「観察者」の視点がはたして総合されているのかどうか、またたった今考察したばかりの「婚姻＝二人で一人の人格」という問題は『第三批判』とまったく無関係なのかどうかを最後に考察することにしよう。

「第一章」二節で触れたように、「批判期」には「観察者の視点」に基づく著作は公的に著されてはいない。しかしこの間ケーニヒスベルグ大学においては「自然地理学講義」と「人間学講義」とが継続されていた。そしていずれも「観察者の視点」で講義されているのである。そこでもし『第三批判』には「観察者の視点」も交差しているとするなら、先の二つの「講義」が『第三批判』で展開されている「目的論」及び「美感論」と直接・間接に関連しているとみなすことができるであろう。つまり「自然地理学講義」は「目的論」と、また「人間学講義」は「美感論」と密接に関連していると指摘しうるのである（「不安」四頁参照）。もちろんここではもう一方で「反省的判断力」の「アプリオリで必然的な普遍的原理」が求められており、その限りでは「哲学者の視点」も確かに要求されていることになる。従って、もし『第三批判』においては「観察者の視点」と「哲学者の視点」とが交差し、両者の総合が試みられているとするなら、『人倫の形而上学』において問題となった「婚姻形式」における「二人で一人の人格」という観点から――「道徳性」を対象とする「哲学者」と「性現象」を対象とする「観察者」との交差した視点の下で――「究極目的」への到達が求められているという点も仮定しうることになる。なぜならカントは「人倫の形而上学は……人間学に適用されうるものである」(IV 217) と明言しているからである。そしてこうした前提の下で、『判断力批判』にかんしてこれまで別々に論じられることの多かった「第一部美感論」と「第二部目的論」とがどのような関係にあるのかを問題の核心に据えようと思う。というのも、「第一部」が経験的領域における「趣味判断」を扱っているのに対し、「第二部」は経験領域を遥かに超える「目的論的判断」を問題にしているからである。そこでここでは問題点を以下の三点に整理して論ずることにする。

［1］理解を容易にするために、最初に「第二部」を扱う。その際まず「目的論」を導入した根拠を明らかにし、次いで「自然の目的論」と「道徳の目的論」の位置づけを明確にすることによって「自然」と「自由」の媒介の可能性を探り、さらにこのような媒介の原理である「アプリオリな合目的性」を「究極目的」との関連から考察する。

［2］次に「第一部」を扱う。ここでは「美」の問題を中心に「美の分析論」と「崇高の分析論」との関係を考察した上で、『第三批判』の重要な問題点である「第一部美感論」と「第二部目的論」との関係を明らかにするつもりである。この場合「三批判書」においてそれぞれの「媒介機能」の要となっている「図式」、「範型」および「象徴」がどのように異なっているのか、また「美」と「自然の目的論」、「崇高」と「道徳の目的論」とがどのような関係にあるのかという点も考察するつもりである。

［3］以上の問題を踏まえた本書全体の「結論」として、『判断力批判』における「哲学者の視点」と「観察者の視点」との交差を明らかにし、さらに「美と崇高」にかんする初期と後期との違いを「性差」の問題として探ることによって、カントの哲学体系における最終的総合の企図を考えてみることにする。

## 二節　「目的論」――二つの「目的論」の媒介と「究極目的」

まず［1］の問題点である。そもそも「目的論 Teleologie」とはギリシャ語の「*τέλος*（目的）」と「*λόγος*（論理）」から成る造語でヴォルフによって造られた言葉であるが（「佐藤」一－二頁参照）、「目的論」については基本的にアリストテレスにまで遡及することができるであろう。例えば「青銅の塊」というたんなる質料が彫刻家によってカタチを与えられて完成した「彫刻像」となるような場合、アリストテレスは「塊」状態を「可能態（*δύναμις*《デュナミス》）」、「完成」状態を「現実態（*ἐνέργεια*《エネルゲイア》）」とみなし、世界は前者から後者へと発展することによって完成するとみなしている。そしてこの運動を可能にしているのが「目的因」である。「目的因」とは機械論的自然における「作用因（原因から結果に至る要因）」と違って、「塊」を、この「塊」のうちにあらかじめ内在している「純粋なカタチ」へともたらす要因のことである。つまり、そもそもの「塊」状態のうちにはこの「塊」の本質である「純粋なカタチ（形相）」が潜んでいるのであるが、「目的因」は「完成」状態へと向かう発展諸段階においてこの「カタチ」を徐々に自己実現していく要因のことであり、「美（ないし芸術）」がその役割を担っている。従って最終的に完成した「彫像」にはこの「カタチ」が与えられ、「完成」状態（現実態＝目的）に至ることになるのである。カントは確かにアリストテレスにおける「存在論的根拠」を排除しようとしてはいるが、しかしカントが想定している「目的論」とは基本的にこのようなものであるといえるだろう。

さて、カントが『第一批判』「I 超越論的原理論」において扱っている「自然」は「機械論的自然」であり、それは有限な理性的存在者である人間が認識しうる領域である。他方『第三批判』では機械論的には説明不可能な「有機体＝生命体」としての「自然」が問題とされている。後者においてまず問題となるのは「内的目的論」であり、そこでは「自然の有機的産物」が扱われることになるが、「自然の有機的産物とは、そのうちではすべてのものが目的であり、相互に手段でもあるようなものであることを意味」し、従ってそれは「盲目的な自然のメカニズム」には帰せられないことになる（V 376）。そしてこの場合、我々は「自然の諸産物を……目的と目的因にしたがってのみ可能であると表象する」（V 408）ことになるのである（強調筆者、「佐藤」二三六頁参照）。つまりカントは「作用因」に基づく「機械論的自然」と「目的因」に基づく「有機的自然」という二つの異なる「自然」を扱っていることになるが、前者は「外的原因性」に、後者は「内的原因性」に基づいているのである。

例えば「樹木」は、一方では「風」という「外的原因」によって「揺れる」という「結果」を生じる。しかし他方では、それが生命体として成長するのは「内的原因性」に基づいているからなのである。つまり「原因 - 結果」の関係が前者のように一方通行ではなく、相互的に作用しているからなのである。例えば「茎」という「原因」が水分や養分を「枝」や「葉」へともたらすゆえに「樹木全体」は「成長」という「結果」を生じることになるが、しかし逆に「成長」するためには「茎」がなんとしても必要であり、「成長すること」が「原因」となってより強固で性能のよい「茎」という「結果」を生み出すことにもなるのである。この場合いずれにおいても「結果」は「目的」であり、「原因」とはこの「目的」を実現するための動因であるが、カントは後者を「合目的性」と呼んでいるのである（VⅠ§10 参照)。こうして「樹木」は「その部分のすべてを目的として」繁殖し、「各部分を相互に手段とすることによって」成長し続けることになる。従って「自然の有機的産物」には「内的合目的性の原理」がアプリオリに貫かれていることになる（V 376)。

「植物や動物の解剖に携わる学者達」はこのような内的形式にかんして、そこには「何一つ無駄はない」という格率を「必然的である」とみなし、またそこでは「何一つ偶然には生じない」という「普遍的自然論の原則と同じ格率」を主張することになる。従って、「内的合目的性」という有機的自然の原理は必然的で普遍的であるとみなされ、ここからカントは「自然目的」という概念を導入することによって「目的論」を自然全体に拡大することになる。

例えば「花」はその植物の「繁殖」を「目的」として存在するというような場合、自然はある目的のために必然的で普遍的に存在するという「自然目的」の「目的論的原則」が導入されることになる

(同)。とはいえ「自然目的」とみなされた「有機的自然」を機械論的に説明することは不可能であり、「機械論的自然」と「有機的自然」とは明らかに矛盾することになる。カントはこの矛盾を解決するために、「自然目的」という概念が「自然法則をアプリオリに規定する根拠として役立つべきである」(V 377) と仮定することになる。なぜなら、「目的論」というこの構想は明らかに経験領域における「自然のメカニズム」を遥かに超える観点であるが、カントは『哲学における目的論的原理の使用』(一七八八年) において「自然研究」にかんする「二つの道」、つまり「たんに理論的な道か目的論的な道かのいずれか」を想定した上で、「理論が我々を見捨てるところでは目的論的原理から出発する権限があり、あるいはむしろその必要性がある」(Ⅷ 159) とみなしているからである。

　つまり、例えば「鳥の構造」は「自然におけるたんなる因果結合に従うだけではきわめて偶然的」で「多様な」ままであるが、未規定なこの自然の「多様性」に対して「統一」を与えうるのが「目的論的判定」であるとみなされているのである (V 360)。とはいえ「目的論的原理」には客観的な理論的根拠は存在しないのであり、「自然目的という概念は、その客観的実在性に関して、理性によっては決して証明されることはできない」(V 396) のである。それにもかかわらず、「有機的存在者」は「自然目的」という概念に「初めて客観的実在性を与え、これによって自然科学に対して目的論の根拠を与える」(V 376) とみなされているのである。つまり、理性は全自然にかんする「自然目的」に対して「客観的実在性」を与えることができないにもかかわらず、「有機体」を「自然目的」とみなすことによって、「有機体」は「目的」という概念に対して「客観的実在性」を与えることになる、とカントは主張しているのである。どういうことなのか？

カントはまず現実に存在している「有機体」を観察し、そこに「アプリオリな内的合目的性の原理」を客観的な事実として認めている。次にこのような「有機体」を「自然目的」とみなした上で、「自然目的」という概念の下に「全自然」を一つの「有機体」と想定し、それがある究極的な目的に向かっていると仮定しているのである。確かに理性はこのような「自然目的」に対して客観的実在性を与えることは不可能だろう。なぜならそれは経験領域を遥かに超えているからである。「全自然」に対して客観的実在性を証明するためには「神の存在を必要とする」（V 399）が、理性は当然これを証明することができないからである。しかし「有機体」そのものは経験領域で現に観察可能であり、客観的実在性を有している。そこでカントは「有機体」とみなした「全自然」に対して「あたかも客観的実在性を有しているかのように」想定し、それを「自然目的」と仮定しているのである。カントは『第一批判』においてもすでに「目的論」が「機械論における普遍的法則に従う自然統一」を完全なものにするために役立つとみなしているが（KrVB 720）、こうして「有機体」に基づくこのような「目的論」は「自然科学」に対して「全自然の統一」という根拠を与え、また「自然目的」という概念はあたかも「自然法則をアプリオリに規定する根拠として役立つ」かのようにみなされることになったのである（V 376 参照）。

ところでこのような仮定は「哲学者の視点」を超える「自然観察」に基づくものであり、基本的に「自然地理学講義」における広義の「観察者の視点」によるものである。「自然地理学」は「自然的、倫理的、そして政治的地理学」にまたがり、そこでは何よりもまず「自然の特質がこの三つの領域を通して示される」（II 312）ことになる（「不安」一七－一八頁参照）。しかし他方では、「アプリオリで必然的な普遍的原理」を問題にしている限り、ここには「哲学者の視点」も交差していることになる。従って「目的論」においては明らかに「哲学者の視点」と「観察者の視点」とが交差しており、「狭義の人間学」の場合とは逆に後者の下への前者の包摂が試みられていることになる。

さてこのような仮定に基づくなら、全自然、全世界には「アプリオリな合目的性の原理」が貫かれていることになる。ただしこの「原理」は「自然」に対しても「自由」に対しても立法的ではなく、たんに主観的にもっぱら「自分自身に対して立法的」であるにすぎないゆえに「自己自律 Heautonomie」と呼ばれることになる（V 185）。またこの原理は「反省的判断力」の原理にほかならないであろう。なぜなら、「各々の自然の産物」とその「各々のメカニズム」という〈特殊〉は「自然目的」という〈普遍〉の下に「合目的性の原理」を媒介として包摂されることになるからであり、この場合有限な人間には〈特殊〉しか与えられていないが、この〈特殊〉に基づいて〈普遍〉が求められているからである――従ってこの「原理」は当然「統制的」に留まることになり、「機械論的自然」と「有機的自然」との矛盾はこうした仮定によってのみ解決されうることになる。そしてこのように想定した上で、カントはさらに全自然がその創造の究極目的である「文化」のために、またその担い手である「人類」のために存在することになると構想しているのである。

ところで、カントにおいては以上のような「自然目的」のほかに「自由の目的」つまり「道徳の目的」が想定されているが、『目的論的原理』ではこの二種類の「目的」の関係が簡潔に次のように要約されている。つまり、「自然」にかんして「客観的実在性」が保証されるのは「経験領域」に制限され、経験領域を超える「全自然の統一」という「自然目的」の概念はあくまでも仮定されたものにすぎず、「自然にかんする目的論的原理の使用は常に経験的に制約されている」(Ⅷ 182) のに対し、「自由の目的」は――「第二章」二節において考察したように――「純粋な実践的原理によってアプリオリに規定」され、従ってこの「原理」は「理性の目的をアプリオリに申し立てている」ことになる(同)、と。要するに、「自然にかんする目的論的原理」は「合目的的な結合の根源的根拠を完全な仕方で、あらゆる目的に対して十分規定的に申し立てることはできない」のであり、「十分な規定的申し立て」は「純粋な目的論」である「自由の目的論」に期待する以外にはないのである(同)。「自由の目的論のアプリオリな原理」は「実践的なもの」であり、従って「純粋な実践的目的論すなわち道徳は、その目的を世界のうちで実現する」、つまり自然のうちで実現するよう「使命づけられている」のである(Ⅷ 182f.)。「道徳」こそが、「目的論」に対して本来の「客観的実在性」を与えることができるのである(同)。そしてこの「道徳の目的論」は自然のうちで「自然目的」とともに成就されなければならないのであり、道徳的に成就されうるこのような「目的」こそ完全なる道徳的世界としての「究極目的(最高善)」にほかならないのである。

さてここまでの問題点を整理しておけば、カントはまず『第一批判』における「機械論的自然」を『第三批判』では有機的な「自然目的」の下に包摂し、さらにこれを「道徳の目的」の下に包摂することによって「究極目的」に客観的実在性を与えようとしていることになる。要するに、「究極目的」は「理性に直接関係する」（Ⅷ 182）ゆえに経験領域を遥かに超えることになるが、経験領域を超えた場合に「客観的実在性」が保証されるのは——「第二章」二節でみたように——実践的領域にほかならないのである。そこでカントは「道徳の目的論」の下に「自然の目的論」を包摂し、それによって「目的論」に対して「客観的実在性」を与えているのである。この場合「自然目的」は「道徳の目的」のために存在し、「道徳の目的」は「究極目的」に到達するために存在することになる。そしてこのことが「自然目的」と「道徳の目的」という二つの「目的」の存在意義であり、このような想定の下で、人類が「究極目的」に到達することがあたかも世界創造の意図であるかのようにみなされているのである。要するに、先に挙げた『論理学』における第四の問い「人間とは何か？」への解答がここに与えられているとみなすことができるのである。「人間」とは「究極目的」へと到達するための存在なのである。従って「世界創造の瞬間」から全世界の至る所で「アプリオリな合目的性の原理」が作用しているとみなされていることになるが、この「原理」こそ主観の内部で「目的」にかんする「類比」に基づいて導出された「反省的判断力の原理」なのである（Ⅴ 360）。つまり、「自然の領域」においても「自由の領域」においても見出される、「反省的判断力の主観的原理」である「アプリオリな合目的性」が「自然概念」と「自由概念」とを「媒介」することによって「理論理性」から「実践理性」への「移行」を、従ってまた「自然概念に従う合法則性」から「自由概念に従う究極目的」への「移行」を可能にし（Ⅴ 194 参照）、こうして初めて「自然のうちでのみ、また自然の諸法則と調和してのみ実現されうる究極目的の可能性が認識される」（V 1946）ことになるのである。

「アプリオリな合目的性の原理」とは、それが「原理」であるにもかかわらず、そもそも有機体の観察に基づく「自然目的」という「観察者の考察対象」の下で可能となる原理であり、それによって「自然概念」と「自由概念」という「哲学者の考察対象」が総合されることになるのである。その意味でここでは「観察者の視点」と「哲学者の視点」とがまさに交差しているといえるだろう。たとえこの交差が――二つの視点の矛盾のゆえに――包摂に成功していないとしても、それでもカントがこの二つの視点を最終的に関連づけようとする姿勢がここには認められるのである。そしてこのような観点は最初期の『天界の一般自然史と理論』（一七五五年）を思い起こさせる。その内容を簡潔に要約すれば、そもそも天界の中心において凝固していたあらゆる「素材」が、「神」にきっかけを与えられることによって大爆発（ビッグ・バン）を起こし、そのために凝固していた素材は――もはや「神」に依存することなく――力学的な二つの法則（引力と斥力）によって自ら周囲に広がる運動を展開し、最終的に見事な美しい球体として完成することになるが、この場合宇宙体系の生命の源泉である無数の「単子（モナド）」は自己形成・自己実現のために多大な「努力」を惜しまない、というものである。ここでは「目的」に向かって進展する「宇宙」という姿で「目的論」が先取りされてはいないだろうか？　そうだとすればカントには最初期の段階から「目的論的思索」が存在していたことになる。いずれにせよここでは大学において継続されてきた二つの講義のうち、とりわけ「広義の人間学」である「自然地理学講義」の成果が生かされているとみなすことができるだろうが、以上の点を踏まえた上で「第一部」の問題、つまり先の［2］の問題を探ることにしよう。

## 三節　「美感論」——「趣味判断」の分析を中心に

「第一部美感的判断力の批判」において分析されているのは「美」と「崇高」であるが、カントは判断力の「アプリオリな原理」を発見したことによってこれを「超越論哲学の考察対象」とみなすことになる。(15) そして「美」の判定においてはまず経験的に個々の「芸術作品」や「自然」が感性的に受容され、それによって「想像力」の形成する自由な「表象の形式」が「悟性」における「法則一般性」とたわむれることが前提となっている。(16) そしてこれによって個々の「美（特殊）」が判定され、その上でこの場合に形成される「認識能力相互の調和状態（悟性と想像力との自由なたわむれによる調和）」が「万人の賛同を要求しうる美感的判断」によって「普遍」としての「美」として感知されることになるのである。従って「第一部」も「第二部」同様「反省的判断力」の問題であるとみなしうることになるが、このようにして「美」は対象の実在的規定には一切かかわらない、主観的な「仮象」として表象されることになるのである。そしてここでの核心は「美と崇高」が「目的論」とどのような関係にあるのかという点にある。「第一部」の中心的課題である「美」の分析から考察することにしよう。

「美」には「付随美」と「自由美」という「二つの種類」がある（V 229)。「付随美」とは「芸術美」つまり人間が創造する「人工美」であり、それはある対象に対する「美しい表象」を意味している（V 311）。「美しい表象」とは技術を用いて美の対象を制作する芸術家における天才の表象であり、従ってこの表象においては「完成した作品」である「結果（目的）」の概念が前提とされている。要するにここでは「そのものはなんであるかについての概念が、まず始めに根底におかれなければならない」（同）のである。これに対し「自由美」つまり「自然美」は「美しいもの」を意味し、前者のように「目的の概念」を必要とはしない。なぜなら、それは「自由な……たんなる形式がそれだけで満足を与える」（同）美だからである。また「自然美」は「芸術美に優っている」が、それは「人倫的感情を開化してきたすべての人間の純化された根本的な考え方と合致する」からである（V 299）。あるいは「自然の美に対する直接的関心を持つことは……常に善い魂の一つの特徴を示している」（V 298）からである。従って、カントにおいては基本的に「芸術美」より「自然美」が判定の対象となるわけだが、問題はなぜ「自然美」は「人倫的感情」や「善い魂」との関連を示しうるのかという点にある。そこで、この点を「趣味判断の四つの契機」という「第一部」の核心部分を分析することによって考察しようと思う。

「美しいものの判定の能力」は「趣味」と呼ばれる（V 203注）。そして「美しいものの判定」つまり「趣味判断」は「常にどこまでも客観についての単称的判断」であり、従ってそれは「たんに主観的妥当性を持つ」にすぎないのである。それゆえ「美の学」も「美しい学」も存在しないことになる（V 304）。しかしそれにもかかわらず、この判断が「あたかも認識根拠に基づいて、証明によって必然的に確立されうる客観的判断であるかのように」判定されるとすれば、「趣味判断」は「すべての主観に対して同意を要求する」ことができるとみなされている（V 285）。要するに、「趣味判断」は「自然美」についての個々の主観的判断でありながらも「客観的認識」におけるように「カテゴリー」に応じて判定されるなら、それはあらゆる人の同意を要求しうることになるとみなされているのである。

そこでカントは「カテゴリー」に従って「自然美」を判定することになるが、しかしこの判定は――「自然美」の判断である限りにおいて――認識論の場合のように「一定の概念を前提に」することのない、「想像力と悟性の自由なたわむれ……における心の状態以外ではありえない」（V 217f.）判断なのである。つまり、カントは「趣味判断」にかんして「カテゴリー」に応じた「四つの契機」を探ることになるが、その場合基本となるのは「認識論」におけるように「量」ではなく「質」なのである。要するに、「認識論」においては「量」にかんする規定された主語概念が基本であり、「質」のカテゴリーにおいてさえ問題なのは「内包量（度）」であり、基本的に「量」が問題となっているのである。例えば「林檎は赤い」という判断においては、「どれだけの数の林檎（外延量）」が「どのくらいの度合いで赤い（内包量）」のかが問題となっているのである。これに対し「趣味判断」において基本となるのは端的に「質」、つまり「美しいか否か」だけであり、「主語概念（量）」の規定は重要ではないことになる。従って「認識論」の場合には第一に「量のカテゴリー」が、それに次いで「質のカテゴリー」が位置づけられているのに対し、「趣味判断」ではこれが逆転し「質の契機」が最初に位置づけられることになる。そこでまず「質にかんする第一の契機」から検討してみることにしよう。

「第一の契機」の結論は「趣味とは、一切の関心に関わりなく満足あるいは不満足によって、対象ないし表象の仕方を判定する能力である。このような満足の対象は、美しいと呼ばれる」(V 211)というものであり、その核心は「美」とは「関心なき満足感」であるという点にある。そしてカントは「満足感」を三つに区分している。一つは「快適」にともなう満足感、つまり「感覚的刺激」に対するそのつどの満足感である。それは個々人によって、地域によって、また時代によって千差万別な満足感であり、同じ人間であっても条件によって異なるような満足感である。二つ目は「善」に基づく満足感であり、「当為に適った格率」に従う行為に伴う満足感である。カントは以上の二つの満足感は「関心」にかかわるとみなしている。「関心 Interesse」についてはすでに「第一章」一節においで触れておいたが、それは「現実に存在している諸々の事柄にかかわっている状態」というほどの意味であり、上記の二種の満足感は「具体的に現存している諸々の事柄にかかわることによって生じる満足感」というほどの意味になろう。確かに「感覚的刺激」は具体的な質料との関係において生じるだろうし、また「善」は一定の理念に基づいて具体的に行為する人間の間柄の問題である。それゆえここでの満足感はいずれも「関心」にかかわっていることになる。これに対し唯一「関心」とはかかわらない満足感があり、カントはこれを「美」に伴う満足感とみなしているのである。

仮に「茶道」の場合を想定してみると、そこで用いる茶器、例えば「茶碗」は基本的にお茶を飲むための「道具」である。「道具」である限りそれは実際に使用されることを前提とし、「現存」することを前提にしている。またその使い心地や便利さ等は「感覚的刺激」を基本にしているゆえに、その満足感は人によって異なるはずである。その意味で「道具としての茶器」は「第一の満足感」に属している。また「茶道」は「道」という一面を持っている。その限りにおいて「一定の理念」に適う「所作」についての満足感が、つまりそこに参加している人達の間での理に適った「所作＝行為」にかんする「満足感」が要求されることになる。この意味で「道としての茶道」は「善」と同様「第二の満足感」に属しているといえるだろう。従って「道具」の場合も「所作」の場合も、そこでの「満足感」は「関心」に基づいているのである。しかし他方では純粋に茶器の「品《ひん》」とか「侘《わ》び‐寂《さ》び」等を享受することもある。この場合には「関心にかかわらない満足感」、つまり「対象の表象」そのものにかかわるのではなく、想像力と悟性という認識能力相互のたわむれの状態が一定の調和に達している「表象の仕方」にかかわる満足感が得られていることになる。なぜならこの場合、「悟性」が「茶器」の形や大きさについての「規定作用《カテゴライズ》を行う」一方で、「想像力」は――「認識論」におけるように「カテゴリー」に全面服従するのではなく――自由に活動することによって、「侘び‐寂び」といった「仮象」を心の内で生じることになるからである。カントが「美」と呼んでいるのはこの種の「仮象」に類似したものなのである。従って「美」は無関心的であり、「趣味」はこのようにして「美」を判定していることになる。以上の点を考慮して、先の「第一契機の結論」をもう一度読んでいただければカントの意図は十分理解されることと思う。

「第二の契機」の結論は「美は、概念なしで普遍的に満足を与えるものである」（V 219）というものである。先に述べたように「美」の判定においては、対象を規定する「カテゴリー」とは違って「主語概念」が明確に規定されている必要はない。従って「悟性」の役割は「認識論」におけるほど重要なものではなく、この「規定されていない概念」が「美しいか否か」だけが問題なのである。従って「概念なしで……満足を与える」ことになるが、ここでの核心はこの「満足」がすべての人（量）に妥当し「普遍的」であるという点にある。主観的に判定されるしかない「美」がなぜ「普遍的」であるのか、つまり「すべての人の賛同を要求しうる」のかは次の「第三の契機」によって考察するつもりであるが、カントはこれを最終的には後に言及する「趣味判断の演繹」において解明することになる。

「第三の契機」はここにおける最も重要な契機であるが、その結論は「美は、ある対象の合目的性が目的の表象を持たず対象について知覚される限り、この対象の合目的性の形式である」（V 236）というものである。カントが明言しているわけではないが、ここでは「目的」や「合目的性」という概念がすでに検討した「第二部」で中心的に扱われていたという点に留意する必要があり、従って「第二部」の展開がここでの前提となっているとみなすことができる。簡単に「目的論」の展開を振り返ってみれば、それは「反省的判断力」における「合目的性の原理」に基づいて、「自然目的＝有機体」としての「全自然」が「人類における道徳的目的」を実現するために「道徳的目的」と協同し、やがて「人類」は「究極目的」に到達するというものであった。そしてこのような「目的」は経験領域を遥かに超えているわけだが、だからといって有限な人間はこれをまったく経験しえないというわけではない。経験可能な、特に有機的な自然には「内的合目的性の原理」がアプリオリに貫かれており、従って有限な理性的存在者であっても「有機体」を介して主観的な「アプリオリな合目的性」の形式（自然美）のうちに――直接「目的」とかかわることはないが――間接的に「究極目的」の形式を判定することが可能なのである。

カントは確かに「趣味判断の根底には、主観的目的が存在することは」できず、また「目的結合の諸原理」に従っている「客観的目的の表象」も「趣味判断を規定することはできない」（V 221）とみなしている。さらに「さまざまな実例」を「自然の美しい諸対象ないし崇高な諸対象に求める場合にも、そのような対象はおよそ目的についての概念を前提にするようなものであってはならない」（V 270）と明言してる。しかし「美感的判断」における「主観の認識諸力のたわむれにおけるたんなる合目的性の意識」は「認識一般にかんしてある内的原因性（合目的的である原因性）を含む」（V 222）とみなされており、ここでは明らかに「有機体」がイメージされているのである。それゆえ、ここで主張されているのは「美」と「崇高」においては「直接的に目的が概念として表象されることはない」ということであって、間接的にも「目的」とは一切かかわらないということではないであろう。なぜなら、「美」は決して概念化されることはないゆえに「目的」という概念の表象を持たないにしても、しかしある対象の「合目的性の形式」そのものだからである。「合目的的である原因性を含む」ということは間接的にではあるが「目的」とかかわり、この「原因性」は「目的」の何らかの「内的原因」であることを意味している。なぜなら、先に示したように、「原因」とは「結果」である「目的」の「原因（合目的性）」以外の何ものでもないからである。従って、客観的な「実質的目的」とは直接かかわらないにしても、「たんに形式の合目的性を規定根拠に持つ趣味判断が、純粋趣味判断」（V 223）なのである。

カントは「目的論」のある箇所で明確に述べている、「自然の美も……人間はそこでは一つの項である体系としての自然全体における自然の客観的合目的性とみなされることができる。これは、自然現象の目的論的判定が、我々に有機的存在者が示す自然目的によって、自然の諸目的の一大体系という理念を持つ権限をひとたび我々に与えた場合のことである」、と。さらにこの箇所での「注」では次のように述べている、「本書の美感的部分では……自然美はどのような目的のために現存するのかについては……まったく顧慮されていない。しかし、目的論的判断では我々はこの関係もまた留意する。そしてこの場合には、自然がこのように多くの美しい形態を陳列することによって、我々に開化を促そうと欲してしていたことを、我々は自然の恩恵とみなすことができるのである」、と（同、および「佐藤」二〇一－二頁参照）。ここでは「美感論」と「目的論」との密接な関係が明らかにされているのである。つまり、主観的な「合目的性の形式」は「美」とみなされているが、それは「有機体」を媒介とすることによってであり、経験領域における「有機体」の存在のおかげで「目的論」が経験領域と無関係ではないという根拠が得られているのである。

問題点を整理しておこう。我々は一方で「有機体」の観察から「自然目的」を見出し、それを「全自然」にまで拡大する。そして「反省的判断力」は「実質的（客観的）合目的性」を示すこの「自然目的」に基づいて「普遍（究極目的）」を求めることによって直接「究極目的」とかかわる「目的論」の領域を構成することになる。他方我々は同じ「有機体」から「自然美」を見出す。「反省的判断力」は「形式的（主観的）合目的性」を示すこの「自然美」に基づいて「普遍」としての「美」を求めることによって間接的に「究極目的」とかかわる「美感論」の領域を構成することになるのである。従って「美感論」における「合目的性」は「実質的合目的性」の「主観的形式」として「究極目的」とかかわることになるのである。そして「美」は「感覚」には一切対応せず、たんに「形式」にのみ主観的に対応することになる。

カントは述べている、「自然はいたるところで、人間の眼がきわめて稀にしか届かない（しかし、美は人間の眼に対してのみ合目的的である）太洋の底ですら、なぜあのように惜しみなく美を広くまき散らしたのか」（V 279）、と。すべての被造物が「究極目的」のために創造されたのだとすれば、すべての被造物はそのための「原因」である「合目的性」の形式を備えているはずである。それゆえ「美」は――それが「究極目的」を前提にした「合目的性の形式」であることによって――すべての人に「満足感」を与えうるのであり、これによって先の「第二の契機」における問題点、つまり「美は普遍的」であり、「すべての人の賛同を要求する」（V§36参照）ことの根拠が得られることになるのである。そしてこのようにして「美」は「目的論」とかかわりうることになる。さらにここでは「自然美はなぜ人倫的感情や善い魂との連関を示しうるのか」に対しても解答が得られたことになろう。なぜなら、その形式が「自然美」であるところの「有機体」はその内的合目的性のゆえに「自然目的」とみなされ、この「自然目的」は「道徳の目的」の下に包摂されて「究極目的」へと到達するところにその存在意義があり、従って「道徳の目的」に伴う「人倫的感情」や「善い魂」と密接にかかわることになるからである。

以上のように「美」は間接的にではあるが必然的に「究極目的」とかかわっていると想定することができるが、これが最後の「第四の契機」の結論、「美は、概念をもたずに必然的な満足感の対象として認められるものである」（V 240）を導くことになる。この点にかんしてもカント自身は「演繹」において解明することになるが、以上の「美の四つの契機」は「自然美」に対してだけではなく、「付随美」すなわち人間による「芸術（技術 Kunst）」、特に「美しい技術 schöne Kunst」にも当然該当するとみなされている。そしてこの場合カントは「自然美」と「芸術美」とを類推的な関係で想定しているのである。つまり「自然美」があたかも「技術（芸術）」であるかのように、また「美しい技術」があたかも「自然」であるかのように（V§45）、と。

ところで、「美感的判断力」のもう一つの主題は「崇高」であるが、「崇高の判断」は「美の判断」と同様「反省判断」である（V 244）。「崇高」は「数学的崇高」と「力学的崇高」に区分され、前者は「極端に大きいもの」「あらゆる比較を超えて大きいあるもの」（V 248）であり、後者は「我々に対して威力を持たない力」とみなされる限りでの自然の「威力」（V 260）である。ここでもカテゴリーに応じた判断がなされることになるが、その場合「大きさ」や「力」が問題であるゆえに、「美」

と違って「量」が基本となっている（V 244）が、その他の点ではほぼ「美」の場合に準じている。さらに「美」との決定的な違いは「想像力」が「悟性」とではなく「理性」とかかわっている点である（同）。要するに「想像力」は「理性の諸理念と主観的に合致」することによって、「ある心の調和を生み出している」（V 256）のであるが、「理性理念」とかかわるということは二つの点で「美」の場合と異なることを意味している。一つは「経験領域を超える」ということ、もう一つは「道徳性と直接かかわる」ということである。とはいえ「美」と「崇高」とはある面で密接に関連してもいるのである。なぜなら、「美」は――「第三の契機」の最後で触れたように――「人倫性の象徴」でもあり「人倫的に善いものの象徴」（V 351）とみなされているからである。つまり、「美」は一方では自然や芸術作品といった経験的対象とかかわるが、もう一方では経験を超える理性理念（人倫性）の象徴であることによって両者を媒介しているのである。要するに「感性的図式（『第一批判』）」や「範型（『第二批判』）」と同様「美」は「媒介機能」を備えているのである。

「感性的図式」の場合は、例えば「三角形の図式」のように時空間によって規定される「直観」が与えられ、従って「概念の直接的な表出」が含まれている（V 352）。また「範型」の場合は、「アプリオリな法則」と「アポステリオリな対象」が「悟性」によって媒介されるしかなく、従って「直観」も「図式」も存在せず、道徳的な合法則性との形式的な一致という観点から「自然法則」が「範型」とみなされていた。これに対し「美」における「象徴」は「直観的表出」という点では「図式」と共通するが（V 351）、しかしこの直観は時空間によっては規定されておらず、従って「内容にかんして」ではなく「たんに反省の形式にかんしてだけ」「概念」と一致することになる（同）。要するに「象徴」とは「たんなる類比に従った表象」（V 352注）なのである。例えば、「美」における「秩序」は――それは「仮象」であるから――「人倫性」の「秩序」を「現象」におけるように時空間的に直接表出しているわけではないが、それでも「秩序」という概念と形式的に一致していることになる。この意味で「美」は「人倫性の象徴」とみなされうるのであり、「概念の間接的表出を含む」（V 352）ことになる。そしてこのような「象徴」としての「美」は「経験的対象」と「理性理念」とを媒介することによって「崇高」という感情への橋渡しをしているのである。「崇高」は「美」以上に道徳的感情の高まりを導くものであるが、「美」は「崇高」におけるこの道徳的感情の高まりへと橋渡しをすることによって「崇高」と密接にかかわっているのである。「崇高」に話を戻すことにしよう。

例えば我々が、我々に威力を及ぼさない力としての「暴風雨に逆巻く広大な太洋」を想像する場合、我々の「精神」は「崇高な感情へと規定される」（V 246）ことになる。あるいは「自然の絶対的全体」である「無限」を前にすれば、「崇高な感情」が我々の精神の無限性として喚起されることになる（V 255）。つまり「崇高」とは精神の内なる感情であり、理性における感情なのである。「想像力」の想像能力が追いつきえないほどの何かがこのような感情を引き起こすゆえに、それは「不快を介してのみ可能な快」（V 260）の感情にほかならない。従ってこの感情は我々を「ある超感性的基体へと」（V 255）導かざるをえないことになる。「超感性的基体」は「神」を想起させる。確かにカントは「目的論」においては「神というものが存在する」という命題の成立が必要であるとみなしている。しかしその「独断的」な証明を拒否し、その代わりに「主観的原理」として——我々の悟性との類推から——「ある悟性的な根源的存在者が存在する」という命題が、なるほどそれは「客観的には立証することはできない」が、しかし「主観的に」のみ証明されるとみなしているのである（V 399)。

結局カントは神の現存を道徳的に究明しようと試みることになるが（§87）、このいかにも婉曲な論証の仕方は、「世界建築者」をなんとしても仮定しておく必要があったからであろう。なぜなら、この「建築者」の「意図」こそ「究極目的」という「道徳的に完成した世界」を最終的に設計することができる唯一の根拠だからである。そしてその「意図」に基づいた「技術（芸術）《クンスト》」によって構築される「芸術作品」こそ「究極目的」へと到達する「全被造物」にほかならないであろう（ここでも最初期の『宇宙論』が想起される。「宇宙の完成」にはなんとしても大爆発《ビッグ・バン》のための「契機」が必要だったからである）。「崇高の感情」はこのような「根源的存在者」へと導かざるをえないのである。従って「崇高の感情」によって「心は感性を離れて、いっそう高次の合目的性を含む諸理念に携わるよう刺激される」（V 246）ことになり（V 268）、こうして「第一部美感論」は「第二部目的論」へと展開することになるのである。

さて、以上の「美」と「崇高」の分析における「美感的判断力」は最終的に「演繹」を必要とすることになる。なぜならこれらの「判断」における「反省的判断力のアプリオリな原理」が必然的な普遍妥当性を有すると主張しうるためには、「認識論」および「実践論」の場合と同様、「演繹」が不可欠だからである。ただし「自然の崇高なもの」の判断にかんする「演繹」は不要とみなされている。なぜなら、たった今考察したように、崇高な心的状態にある「想像力と理性との調和」は直接経験領域とかかわることなく「ある合目的的な関係」にあり、「それ自身アプリオリに合目的的である」からである。つまり「演繹」において要求されているのは、経験領域とかかわるある「判断」がその「必然的な普遍妥当性」を「正当化」しうるかどうかであるが、「崇高」における「アプリオリな合目的性」はそれ自身すでに「普遍的」であり、「必然的妥当性」を「正当化」しうるゆえに、「演繹」は不必要であるとみなされているのである。従って経験的判断にかかわる「趣味判断」にかんしてのみ、要するに「美」についての判定にかんしてのみ「演繹」が要求されることになる（V 280）。そしてカントは「この演繹」は「認識論」におけるカテゴリーの場合のように「概念の客観的実在性を正当化する必要がないのであるから、きわめて容易である」（V 290）とみなしている。そこで「趣味判断」の「演繹」を考察してみよう。[17]

「趣味判断」は「アプリオリな総合判断」である。なぜならそれは経験的な「快－不快の感情」を「述語として付け加える」（V 288）判断であるが、それにもかかわらず「あらゆる人の賛同を要求する」ゆえに「アプリオリな判断」でもあるからである。従って「趣味判断の演繹」は「どのようにしてアプリオリな総合判断は可能であるかという、超越論哲学の普遍的課題」（V 289）に属している。この場合「判断力」は客観的な「悟性諸概念」にも「法則」にもかかわってはおらず、「それ自身が主観的に対象でありまた法則」（V 288）なのである。つまり、ここで問題になる判断力は与えられた「特殊」を包摂しうるところの「普遍」を求める「反省的判断力」であるが、与えられているのは経験的な「個別的な判断」であり、求められているのはあらゆる人の賛同を要求する「普遍的な判断」である。この場合求められている普遍的な「対象」とは「判断」の一般的形式であり、「判断力一般の主観的条件」にほかならない。要するに「すべての人間に（可能な認識一般に必要なものとして）前提されうる主観的な」（V 290）判断形式なのである。そして「反省的判断力」の「アプリオリな原理」は「趣味判断」の場合には主観的な「合目的性の形式」である以上、ここでの「法則」はこの主観的な「合目的性の形式」にほかならない。従って「趣味判断」においては、「個別的な判断」が「反省的判断力」の主観的な「合目的性の形式」という「法則」を媒介として「判断力一般の主観的条件」の下に包摂されることになる。これらはいずれも判断力自身の問題であり、そこで判断力はこの場合「それ自身が主観的に対象でありまた法則」なのである。従って――カントが明示しているわけではないが、先に「趣味判断」の「第三の契機」において示したように――「趣味判断」が「法則」としている「合目的性の形式」が「究極目的」を前提にしていると想定しうる限りにおいて、「趣味判断」はアプリオリに「あらゆる人の賛同を要求する」ことができるのである。そこでカントは「快は、すなわち感性的対象一般の判定における認識諸能力の関係に対する表象の主観的合目的性は、当然あらゆる人にあえて要求されうるであろう」（同）とみなしているのである。そしてカント自身はこの「普遍的賛同」の根拠を「共通感覚」に求めているのである。

カントがここで思い描いているのは、例えばロビンソン・クルーソーのような「荒涼とした島に一人取り残された人間」である。そのような人間は身の保全にのみ精一杯で「自分の小屋も自分自身も飾ることをしない」であろうし、「趣味」とは無関係な生活を送ることになろう。しかし他の人々と共存する「社会生活」において、彼は「一人の洗練された人間になろうと思いつくのである（これは文明化の始まりである）」が、その場合彼は「自分の快を他の人々に伝達する」ようになり、やがて「普遍的伝達を顧慮することをあらゆる人に期待し要求する」ことになる（V 297）、つまり自ら「趣味判断」を行うと同時にあらゆる他者にもそれを要求することになろう。従って「趣味判断」は基本的に何らかの「共同体感覚 ein gemeinschaftlicher Sinn」を前提しており、それが「普遍的賛同」を要求する根拠となっているのである。カントはこれを「共通感覚 sensus communis」（V 293）、より厳密には「美感的共通感覚 sennsus communis aesthticus」（V 294）と呼んでいる。要するに、一見したところ「趣味」はまったく個人的で千差万別な判断にみえるが、実は他者とのかかわりにおいてのみ初めて生じうる普遍的な判断であるというのがカントの「演繹」における核心なのである。つまり「趣味判断」とは「自分の反省のうちで他のあらゆる人の表象の仕方をを思想のうちで（アプリオリに）顧慮する」（V 293）ような判断なのである。

こうして「共通感覚」のおかげで「趣味判断」が可能になり、また「趣味判断」によって「普遍的伝達」が求められ、それによって「文明」や「文化」、さらには「道徳的世界の成就」すなわち「最高善＝究極目的」が求められることになるのである。逆に、なぜ「共通感覚」が可能なのかといえば、それは全被造物が、とりわけその中の「自然の最終目的」である「人類」が造物主の「意図」に従って「究極目的」に向かって進展しているからである、と答えることができるであろう。従って、カントが明言しているわけではないが、「共通感覚」の可能性の根拠もまた「究極目的」に求めることができるのである。ところでこの「共通感覚」は「観察者の視点」の下で理解されているのではないだろうか？　というのも、『人間学遺稿』には今引用した「共通感覚」の規定（V 293）と同様の事柄が問題とされているからである。それは「学問のエゴイスト」を批判している箇所で、カントはこのようなエゴイストには「自分がみている対象を他の人々の視点からも眺めさせてくれるような、もう一つの眼が必要だ」と揶揄《やゆ》し、さらに「自分の判断を他人の判断とつき合わせる」必要性を説いているのである（XV 395,「不安」五五頁も参照）。これは今しがた引用したばかりの「趣味判断」の定義（V 293）とほぼ完全に一致する。「人間学」は間違いなく「観察者の視点」である以上、ここでもまた、「目的論」の場合と同様、「観察者の視点」が「演繹」を行う「哲学者の視点」と交差していることになる。

以上のように見てくると、「美」はその「アプリオリな原理」の「演繹」によって「崇高」とともに必然的な普遍妥当性を得ていると正当化され、さらにまた「美」および「崇高」と「目的論」との密接な関係も理解されることになろう。そして「美の分析論」は（それが基本的に「自然美」を問題にしている限りにおいて）「自然の目的論」と連関し、また「崇高の分析論」は（それが「道徳的な心の調和」との類似を示している限りにおいて）「道徳の目的論」と連関しているとみなすことができるのである。従って、「道徳の目的論」の下への「自然の目的論」の包摂という「第二部」での展開は、「第一部」において綿密に準備されていることになる。従って『第三批判』はたんなる「美感論」の書でもたんなる「目的論」の書でもなく、まさにそれらの総合の書であるといえるだろう。しかしここにはまだ一つの疑問点が存在する。それは、初期の段階ではイギリスにおける一連の「美論」[18]の影響下に「美」と「崇高」とがそれぞれ「女性」と「男性」の「性格」に明確に割り当てられていたのに対し、『第三批判』においては「性の問題」はまったく消失しているという疑問点である。

それはなぜなのかを最後に考察することにしよう。

# 結び 「人類」と「性差」の問題点

この問題を考察するにあたっては、大学における「人間学講義」や『メンツァー倫理学』、さらに『人倫の形而上学』における「法論」中の「婚姻権」を振り返ってみる必要があるだろう。それらの省察において結局カントは「結婚」を男女間における性的関係の唯一可能な道徳的モデルケースとみなしていた。そして「結婚」において結ばれた「夫婦」においては「二人で一人の人格」が獲得されうると想定されていたが、すでに初期の『美と崇高』においてもみられたこうした構想では、「夫婦二人」で「一人の人格」を所有する限り「性差」の問題は解消することになる。そうだとすれば、カントは『第三批判』において「類」としての「人間」にかんして基本的に「二人で一人の人格」を想定していたのではないだろうか？　そのために初期とは違って、ここでは「性差」の問題がまったく主題化されなくなっているのではないだろうか？　この大胆な提案を裏付ける一つの根拠は、『第三批判』が時期的にみて『メンツァー倫理学』と『人倫の形而上学』との間に著されているということである。この期間カントは理想的な、あるいは法的に厳密な「婚姻権」の規定に携わっていたのであり、その意味では『第三批判』だけが例外であったとは考えられないであろう。また「第三章」三節（1）で論じたように、『憶測的始元』や『第三批判』において、初期段階では「女性の特質」とみなされていた「社交性」や「趣味」が道徳的にきわめて重要な意味を担うようになっており、『憶測的始元』においては「社交性」が明確に「夫婦の特質」とみなされることによって密接に「究極目的」とかかわっているとさえみなされているである。さらにもう一つの根拠を挙げるとすれば、カントが「究極目的」という主題を「人類」という観点から扱っているという点である。子孫を産むことを前提にして、「人類」は幾世代にもわたって継承され続けることによっていずれの日にか「究極目的」に到達しうるであろうと構想されているのである。これを可能とするための必然的条件は当然「夫婦」であり、「二人で一人の人格」にほかなるまい。カントは述べている、「美」は「感性の主観的根拠に関係」し、「崇高」は「感性に反抗するが実践理性の諸目的に適う主観的根拠に関係する。それでも両者は同一の主観のうちに合一されて、道徳的感情に関連して合目的的である」（V 267, 強調筆者）、と。この場合「同一の主観」とは誰のことなのか？　これまで「美」と「感性」によって特徴づけられてきた「女性」なのか？　それとも「崇高」と「道徳性」によって特徴づけられてきた「男性」なのか？　あるいはまた男女二人で「一人の人格」となった「夫婦」なのか？

初期段階においてカントは狭義の「観察者の視点」に基づいて明確に「美」を女性の特性と、また「崇高」を男性の特性とみなしていた。「崇高」は「真の徳」とかかわるが、「美」は「徳の虚飾」にすぎないと想定されていたのである。それ自体道徳的というわけではない「美」は「自由概念」にかかわるわけではなく、そもそも「概念」からは自由なのである。そのカントが『第三批判』において突然——女性であれ男性であれ——「一人の人間」の中に「美」と「崇高」とが等しく同居しうるとみなすようになったといえるのだろうか？　あるいは、「哲学者の視点」に基づいて「感性的な根拠」と「実践理性の根拠」とをあれほど厳格に峻別してきたカントが、この媒介不可能と思われる対立項を「一人の同じ人間」の中に等しく同居しうるとみなすようになったといえるのだろうか？　それよりもむしろ——「人間学」にかんするさまざまなカントの考察を考慮してみると——「哲学者の視点」と「観察者の視点」とをカントはここで媒介しようとしていたのではないだろうか？　というのも——これまでも指摘してきたように——「美」と「崇高」とはもともと狭義の「観察者の視点」に基づいて考察されてきたわけだが、『第三批判』ではそれらに対して主観的ではあるが、しかしそれでも普遍的で必然的な「アプリオリな原理」が求められており、その限りでは「哲学者の視点」も同時に要求されているからである。また「性倫理学」という観点からすれば、先に見たように『メンツァー倫理学』においても、『人倫の形而上学』においてもこの二つの視点の媒介が試みられており、従ってその間に位置する『第三批判』においても同様の試みがなされていると考えるのが自然だからである。さらにとりわけ「目的論」においては、「哲学者の視点」と「自然地理学講義」における広義の「観察者の視点」とが交差しているということもこれを裏付ける根拠となり得るだろう。

そもそもカントは「図式」や「範型」や「象徴」等の媒介機能によって「異質な二つの要因」を調停しつつ常に包摂し続けてきたわけだが、カント体系を貫く最も基本的な方法がこの「調停方法」

であるといえるなら、「男性」と「女性」、「観察者の視点」と「哲学者の視点」という異質な要因に限って——それが成功しているか否かは別にして——この「調停方法」から免れているとは想定しにくいのである。従って先の「同一の主観」とは「二人で一人の人格」となった「夫婦」を意味しているとみなすことが可能なのである。時代は「フランス革命」直後であり、いくつかの市民革命を経てヨーロッパでは新たな「市民社会」の誕生を迎えていた。この新たな社会の基本要素こそ家庭であり、その支柱となるのは「夫婦」にほかならない。「市民社会」の根本的ルールを「道徳性」に求めたカントが「夫婦」を単位にして「人類」の行く末を見つめていたのはむしろ当然ではないだろうか？

カントは最初期から最晩年まで「哲学者」と「観察者」という二つの視点をもって思惟してきた。後者の視点には確かに厳密さが不足する面がみられるが、それは初めからカント自身が想定していたことでもある。しかし厳密さに欠けるといっても、それは「哲学者の視点」を遥かに超える諸問題を扱っているからである。つまり、「観察者の視点」の下では最終的に「世界」と「人類」の存在の意味が問われているのであり、その上で人類における「究極目的」が世界においてのみ実現されうることを明らかにしようとしているのである。それは「法則」では解決しえない、つまり「機械論的発想」を超えようとするまさに今日的なさまざまな視点を彷彿とさせるものである。(19)

〔注〕

（1）日本では早くから坂部恵氏が「観察者の視点」に注目しているが、本著作は基本的に坂部氏の諸著作に想をえたものである。『理性の不安――カント哲学の生成と構想』特に「（1）人間学の地平」、勁草書房、一九七六年（以下「不安」と略記）および『カント』講談社学術文庫1515、二〇〇一年（以下「カント」と略記）参照。

（2）例えばAxel Hutterはとりわけコーヘンとカウルバッハの解釈を例として取り上げ、それらがカント自身の意図とは異なることを指摘している。つまりコーヘンは「超越論的理性概念」をもっぱら「科学的理性」としてのみ規定してしまっているが（s. 19）、カントの場合「科学」と「形而上学」との間の「類比」が問題なのであって「一致」が問題なのではないし（s. 20）、またカウルバッハは「行為という原理」に基づいて「実践的契機による統一」をはかるために「認識論」をも「行為論」に適用してしまっているが（s. 30f.）、そうなるとカントの哲学体系は「すべて実践的に提起されることになってしまう」（s. 31）、と指摘している。Axel Hutter: Das Interesse der Vernunft. § 4-5, Felix Meuner Verlag 2003 参照。

（3）中世ヨーロッパで「普遍論争」という最大の論争が生じ、二つの立場が争うことになった。一方は「実念論」と呼ばれ、そこでは例えば「個々の林檎」（特殊）に先だってa priori「イデアとしての林檎」のような「普遍」が存在すると主張されたのに対し、他方には「特殊」の存在だけを認める「唯名論」と呼ばれた立場があり、そこでは「普遍」は後になってa posteriori考え出されたものにすぎないとみなされていた。「アプリオリ」とは前者の「……より先に」、「アポステリオリ」とは後者の「……より後に」というラテン語の比較級であり、カントは前者を「経験に先立って」、後者を「経験後に」という意味で用いている。なお、「アプリオリ」は「分析的」と、「アポステリオリ」は「総合的」と呼応して使用されている。

（4）表象Vorstellungの定義は必ずしも一定していないが、カントにおいては認識能力によって精神内部に現前している何らかの対象を意味し、例えば現象や仮象、あるいは概念や理念等々が「表象」と称されている。

（5）傾向性 Neigung とは一方では本能などの自然的衝動を含意し、この場合は「悪」とみなされることはないが、他方では「道徳性」を妨げるものとして「意志」によって克服されるべき欲求とみなされている。

（6）『純粋理性批判』初版は一七八一年であるが、とりわけ「I 超越論的原理論」の「第二部門第一部第一編第二章 純粋悟性概念の演繹について」の箇所が、その難解さをも含めて非難されたために、カントはその部分を中心に一七八七年に書き改めることになったのである。一般に八一年の版を「A版」、八七年の版を「B版」と称している。なおハイデガー『カントと形而上学の問題』（木場訳、理想社、一九六七年：M. Heidegger, Kant und das Problem der Metaphysik, Vittorio Klostermann, 1929）を参照されたい。

（7）カントは「有機体」と「生命体」とを区分しているが、それは両者を同じものとみなしてしまうと「機械」とは異なる「有機体という物質」に「物質とは矛盾する特質を与える」（物活論）ことになるか、または「物質とは異なる特質を与える」（心霊論）ことになってしまうという理由からである。しかし今日の観点からすれば両者を同じものとみなしうるので、ここでは「有機体＝生命体」とする。佐藤康邦著『カント『判断力批判』と現代――目的論の新たな可能性を求めて』（岩波書店、二〇〇五年、一九四頁参照、以下「佐藤」と略記）。

（8）三島淑臣「カントの法哲学」（『講座ドイツ観念論』第二巻所収、弘文堂）参照。

（9）一般に「意志 Wille」とは「法則の表象、すなわち原理に従って行為する能力」（IV 412）であり、「選択意志 Willkür」とは必ずしも「原理」に従うとは限らない経験的な意志を意味している。

（10）U・P・ヤウヒ著『性差についてのカントの見解』（拙訳、専修大学出版局）一一四頁参照（以下「ヤウヒ」と略記）。

（11）原文はラテン語混じりで“Der Mann ist nicht superiori naturaliter,nec qva mas sed qvoniam obligatur ad nutriedum et defendendum”である。

(12) 岩波「カント全集」第二〇巻「コリンズ倫理学」M版参照。
(13) G・W・F・ヘーゲル『法哲学講義』「第三部、第一章 家族、A 結婚」(長谷川宏訳、作品社、三二四頁) 参照。
(14) 女性と「社交性」およびその政治的意義については、H・アーレント著／R・ベイナー編『カント政治哲学の講義』(浜田義文監訳、法政大学出版局) 参照。
(15) ラインホルト宛書簡 (一七八七年一二月二八―三一日付) で「趣味のアプリオリな原理の発見」が告げられている。
(16) 田辺元は『カントの目的論』において「美」を「想像力」によって形成される表象の形式 (特殊) を悟性の法則一般性 (普遍) の下に包摂することによって生じる仮象とみなしているが、もしそうだとすると「普遍」はすでに与えられていることになり、「美」は「反省的判断力」の問題ではないことになろう (田辺元全集3、筑摩書房、一九頁参照)。ここでは「反省的判断力」が問題であると解釈するなら、個別的にそのつど判定される「美 (特殊)」に基づいて「普遍」としての「美」の判定が求められているとみなすべきであろう。
(17) 中村博雄著『カント「判断力批判」の研究』(一九九五年、東海大学出版会) 一〇五―一一三頁参照。
(18) E・バーク著『崇高と美の観念の起原』(中野好之訳、みすず書房) 参照。なおF・ハチスン著『美と徳の観念の起原』(山田英彦訳、玉川大学出版部〈近代美学双書〉)、エリザベス・A・ボールズ著『美学とジェンダー』(長野順子訳、ありな書房)、さらに『美学事典 (増補版)』「美学芸術論史の部」(竹内敏雄編、弘文堂) も参照されたい。
(19) 佐藤康邦前掲書参照。

# あとがき

本書においては、カントの初心者にも理解し得るようにいわゆる「三批判書」を中心にできるだけ簡潔にカントの全体像を描こうと試みたが、本書を起草する直接の動因となったのは坂部恵著『理性の不安』（勁草書房）および『カント』（講談社学術文庫1515）である。これらの著書がケーニヒスベルグ大学におけるカントの「人間学講義」と「自然地理学講義」の重要性に気づかせてくれ、「哲学者の視点」と「観察者の視点」とを照合してみようという構想の契機となったのである。当初はG・ドゥルーズ著'La philosophie critique de KANT, Press universitaire de France, 1963'（『カントの批判哲学』中島盛夫訳、法政大学出版局、一九八四年邦訳初版）のように、ほとんど「三批判書」だけを用いた簡潔な構成をイメージしており、それによって「カントの全体像」の骨格のみを論じようと試みたのであるが、力量不足でそれは適わなかった。また「カントの全体像」を理解する上ではE・カッシーラ著『カントの生涯と学説』（門脇、高橋、浜田監修、みすず書房、一九八六年邦訳初版：E. Cassirer, Kants Leben und Lehre, verlegt bei Bruno Cassirer, Berlin, 1918）も大きな助けとなった。さらにカントにおける生涯にわたる「観察者の視点」とカントの女性観や男女関係への視点を明確に意識させてくれたのはミュンヘン滞在中に読むことのできた様々なフェミニズムの立場からの「カント批判」の研究書、特にU・P・ヤウヒ著'Immanuel Kant zur Geschlechterdifferenz, Passagen

Verlag, Wien, 1989'（『性差についてのカントの見解』拙訳、専修大学出版局、二〇〇四年邦訳初版）である。煩瑣を避けるために細かい「注」はできるだけ避けたが、もちろんこれ以外にも多くのカント研究書あるいは『カント事典』（有福＋坂部編集顧問、弘文堂、一九九七年）を初めとする多くの文献によって啓発されたことは確かである。以下に本書の問題点を述べることにする。

本書最大の主題は、カントが「哲学者の視点」によってだけではなく「観察者の視点」によっても生涯にわたって思索していたことを前提に、この二つの「視点」の概要に基づいて両者の関係を探ることにある。この場合重要な鍵となるのが「調停方法」というカントの最も基本的な方法である。カントは、例えば「直観」と「概念」とを調停し、「経験論」と「合理論」、「自然（必然）」と「道徳（自由）」等々を「アプリオリな総合判断」の問題として調停するわけだが、上記の「二つの視点」もまた調停されているのかどうかがここでの主題である。そしてこの「調停方法」を単純な基本的論理式に還元し、論理式における「媒概念」を探るという操作を基本として問題点を解明しようと試みたが、そのために「カントの哲学体系」はあるいは相当に単純化されてしまったかもしれない。それでも「論理構造の骨組み」は示しえたのではないかと思っている。また「美と崇高」という問題も長年私にとって懸案の主題であった。つまり、初期段階（『美と崇高』一七六四年）では「美」は女性の、「崇高」は男性の「性的性格」として明確に区分されていたが、『判断力批判』（一七九〇年）においてこのテーマが再び取り上げられたときには、「性的区分」はまったく主題化されてはいないからである。なぜ性差が問われなくなったのかという点とともに、「女性」と「男性」とは「調停」の外にあるのか、つまり「男‐女」の総合はカントにおいて問題とされていなかったのかどうかも長年の関心事であった。以上二つの問題提起の帰結として、「哲学者の視点」と「観察者の視点」と同様、「女性」と「男性」も最終的に総合されるべく試みられているとみなすことができるし、それによって初めて「カントの批判哲学」が「体系」として可能になっていると解釈することができるのである――それは必ずしも成功しているとはいいがたいが。

カントからの邦訳の引用は基本的に『岩波カント全集』によったが、各著作には各々略記号と頁数を付した。『純粋理性批判』Kritik der reinen Vernunft, 1781/87 については「A版」と「B版」の両方を用いたので略記号（KrV）および（A）か（B）のいずれかを、また『実践理性批判』Kritik der praktischen Vernunft, 1788 については「原著第一版（オリジナル版）」を用いたので略記号（O）を使用したが、その他の著作にかんしては「アカデミー版」の巻数を略記号として用いた。各略記号と頁数は以下の通りである：『天界の一般自然史と理論』Allgemeine Naturgeschichte und des Himmels, 1755（Ⅰ, S. 215–368）、『美と崇高の感情に関する観察』Beobachtungen über das Gefühl des Schönen und Erhabenen, 1764（Ⅱ, S. 205–256）、『一七六五‐六六年冬学期講義計画公告』Nachricht von der Einrichtung seiner Vorlesung in dem Winterhalbenjahre von 1765–1766, 1765（Ⅱ, S. 303–324）、『形而上学の夢によって解明された視霊者の夢』Träume eines Geistersehers, erläutert durch Träume der Metaphysik, 1766（Ⅱ, S. 315–373）、『論理学・緒論』Logik, herausgegeben von Gottlob Jäsche, 1800（Ⅸ, S. 1–150）、『さまざまな人種に

ついて』Von den verschiedenen Racen der Menschen, 1775（Ⅱ, S. 427–444）、『プロレゴメナ』Prolegomena zu einer jeden künftigen Metaphysik, die als Wissenschaft wird auftreten können, 1783（Ⅳ, S. 253–384）、『「啓蒙とは何か？」という問への答え』Beantwortung der Frage: Was ist Aufklärung?, 1784（Ⅷ, S. 33–42）、『人倫の形而上学の基礎づけ』Grundlegung zur Metaphysik der Sitten, 1785（Ⅳ, S. 385–464）、『人間の歴史の憶測的始元』Muthamasslicher Anfang der Menschengeschichte, 1786（Ⅷ, S. 107–124）、『自然科学の形而上学的原理』Metaphysische Anfangsgründe der Naturwissenschaft, 1786（Ⅳ, S. 465–566）、『哲学における目的論的原理の使用について』Über den Gebrauch teleologischer Principien in der Philosophie, 1788（Ⅷ, S. 157–184）、『判断力批判』Kritik der Urteilskraft, 1790（Ⅴ, S. 165–486）、『哲学における最近の高慢な口調について』Von einem neuerdings erhobenen vornehmen Ton, 1796（Ⅷ, S. 387–406）、『人倫の形而上学』Die Metaphysik der Sitten, 1797（Ⅵ, S. 203–494）、『実用的見地における人間学』Anthropologie in pragmatischer Hinsicht, 1798（Ⅶ, S. 117–334）、『人間学遺稿』Kant's handschriftlicher Nachlass, Anthropologie（XV, S. 55–899）、『美と崇高の感情に関する観察・覚え書き』Bemerkungen zu den Beobachtungen über das Gefühl des Schönen und Erhabenen（XX, S. 1–192）、『判断力批判第一序論』Erste Einleitung in die Kritik der Urteilskraft（XX, S. 193–251）。その他の「遺稿」等からの引用についてはそのつど「アカデミー版」の巻数と頁数とを付した。

最後に本書の出版を勧めてくださり、また適切なご指摘をしてくださった専修大学出版局の笹岡五郎氏のご尽力に対して謝意を表します。

二〇〇五年六月

菊地　健三

**菊地　健三**（きくち　けんぞう）

1946 年　秋田県生まれ．
1981 年　専修大学大学院博士後期課程修了．
　　　　同大学専任講師．
1990 年　同大学教授．

主な著作
『ジル・ドゥルーズの試み』（共著，北樹出版，1994 年）
訳書
『性差についてのカントの見解』（U. P. ヤウヒ著，専修大学出版局，2004 年）

**カントと二つの視点――「三批判書」を中心に**

2005 年 7 月 5 日　第 1 版第 1 刷発行

著　者　　菊地　健三
発行者　　原田　敏行
発行所　　専修大学出版局
〒101-0051 東京都千代田区神田神保町 3-8-3
㈱専大センチュリー内
電話 03（3263）4230 ㈹
印刷・製本　電算印刷株式会社


ISBN4-88125-162-7